馮婉儀、周海寧 著　郭翰琛 編

園藝治療

生命療癒處方

推薦序

Paula Diane Relf
哲學博士，註冊園藝治療師
維吉尼亞理工學院暨州立大學榮譽教授
美國園藝科學協會會士
國立園藝治療與復康議會（今美國園藝治療協會）聯合創始人及前主席
International People Plant Council/
International People Plant Symposium 創始人及前任主席
二〇一九年日本「人間・植物關係學會」年度學會賞得主

The use of horticulture as a therapeutic tool has a long history but has in the last 50 years gradually grown to be recognized as a valuable part of the healthcare for people of diverse ages and therapeutic needs. As the profession has grown in the last 20 years, with significant increases in research, associations, training programs, professional registration and programs, the need for quality books has grown.

With her fourth book, *Horticultural Therapy : Connecting Plants with Life*, Connie Fung has selected a valuable aspect of horticulture to explore for its recognized therapeutic value. It is one that needs to be understood, researched and implemented in greater detail, as it deals with a core unique healing quality of horticulture - that is the understanding of life cycle of plants and its meaning as a metaphor for human life. Charles Lewis, noted leader in the quest for understanding of people-plant interaction and author of *Green*

Nature/Human Nature spoke of the experiencing of the seasons of deciduous trees and learning of the times for our life to move in different seasons: times experience flowering and vigorous growth, times for maturing and growing of strong branches and roots to sustain us in the future, times to slowdown and focus our resource but let our accomplishment show as the autumn leaves do on the trees, then times of dormancy for withstanding hard winter times that prepare us for new spring growth.

Applying another life aspect of horticulture for therapeutic benefit, as the HTM partner with a psychiatric social worker, I led a group of teenage patients in plant reproduction activities - both sexual and asexual prior to their groups therapy sessions on human sexuality. He found this to be very effective tool in opening the discussion and eliciting questions.

In this book, Connie Fung shares her years of training and experience in horticultural therapy and helps you understand the way to work with your clients as they care for the life of the plants so that they can apply the lessons learned about the life of plants to their own needs and life cycles. The qualifications of the book's authors, Connie Yuen Yee Fung and Nicole Hoi Ling Chow, Registered Psychotherapist give further strength to the value of the book.

Connie has acquired significant qualifications and honors in her professional work, including: Horticultural Therapist Registered (AHTA), Registered Horticultural Therapist, Supervisor (HKATH), President of Hong Kong Association of Therapeutic Horticulture, 2015 Rhea McCandliss Professional Service Award (AHTA) recipient, 2019 Charles A. Lewis Excellence in Research Award (AHTA) winner, Registered Social Worker.

As with her previous writings, I believe that this book carries us further toward a world made healthier through horticulture, gardening, and nurturing of plants.

以園藝作為治療工具的歷史悠久，但在過去五十年裏，它才逐漸被認可為對不同年齡層和治療需求的人有醫療保健的重要性。隨着這行業在過去二十年的發展，就學術研究、協會組織、培訓計劃、專業註冊和相關項目等方面都有顯著增加，而對相關的優質書籍的需求亦愈來愈大。

本書《園藝治療：生命療癒處方》是馮婉儀 Connie 的第四本著作，她選擇了園藝中一個相當有價值的部分來探索其治療價值，亦是一個需要更詳細地解釋、進行研究和實踐的部分，因為它涉及到園藝既核心又獨特的治癒特質 —— 就是把植物的生命周期比喻為人類的生命。探索人類與植物互動的一位先驅，查爾斯．劉易斯（Charles

Lewis）在其代表作 *Green Nature/Human Nature*（中文版名為《園藝治療入門》）中，談到了落葉季節的體驗，以及我們生活中在不同季節的學習時期：經歷開花和生長旺盛的時期、漸次成熟和長出強健枝幹和根部以維持未來生活的時期、慢下來和集中資源讓我們的成就像秋葉一樣展示出來的時期、然後是休眠以抵受嚴冬、為春天的發芽做好準備的時期。

另一個將園藝應用於生命教育的例子，是有一次我以園藝治療師的身分與一位精神科醫務社工合作，在教授一組青少年病人性教育前，我帶領組員先進行植物繁殖活動，包括有性和無性繁殖。我的伙伴發現這真是一個非常有效的途徑，讓組員輕鬆展開討論並引發提問。

在本書中，Connie 分享她多年的園藝治療培訓和服務經驗、怎樣引導服務對象悉心照顧植物，藉由照顧植物、體驗植物生老病死的過程中，應對自己的需求和生命周期。作者除了 Connie 之外，還有註冊心理治療師周海寧 Nicole，令此書更添價值。Connie 在她的專業工作中獲得了重要的資歷和榮譽，包括：美國園藝治療協會註冊園藝治療師、二〇一五年度蕾亞・麥肯迪尼斯專業服務獎和二〇一九年度查爾斯・劉易斯傑出研究獎、香港園藝治療協會會長，以及註冊社會工作者。

和 Connie 之前的著作一樣，我相信本書將進一步帶領我們通過園藝、種植和植物培育，締造一個更健康的世界。

推薦序

Matthew J. Wichrowski
高級園藝治療師
紐約大學格羅斯曼醫學院附屬魯士復康中心康復醫療科臨牀助理教授
美國園藝治療協會《園藝治療》雜誌主編

As the world becomes more urbanized, the importance of nature increases for our society. While we often hear concerning news about changes in our environment, here the authors look to the positive, by addressing ways nature and the environment can support human development and well-being. Recently, there has been much interest and advances in scientific understanding of how the environment can be an ally in healthy living.

As we grow and mature, we have specific needs, which when met, help to achieve our greatest potential. The natural world provides a foundation to support our health and development throughout the lifespan and offers many opportunities for therapeutic activity along the journey. Connie Fung and Nicole Hoi Ling Chow have addressed the issue of utilizing the natural environment through an understanding of human growth and development to provide a roadmap of educational and therapeutic activities to positively impact human health and well-being over the course of the lifespan.

Connie Fung's expertise in horticultural therapy, joined with Nicole's knowledge of psychology and psychotherapy, provide an excellent combination of skills and perspective. They are perfectly suited to undertake the task of describing the intersection of these topic areas while providing guidance during the course of human development. The authors provide an overview of the connection between nature, life, and development, as well as how the relationship between the environment, plants, and people affects human health. Next, they follow the lifespan from childhood to adulthood offering outlooks on how to embellish wellness. Lastly, they look at utilizing horticulture activities to help cope with challenges of the human condition.

This text should appeal to educators, therapists and parents alike, as well as those interested in nature-based wellness. The information presented addresses and integrates the overlapping areas of growth and development, education, and psychology, with nature-based therapeutic practices along the human lifespan, areas of common concern to all people.

I applaud Connie Fung and Nicole Hoi Ling Chow for this pioneering work of integrating horticultural therapy in such important areas of human concern and providing a wellness map for the course of human development.

隨着世界日趨城市化，大自然對我們的社會變得愈來愈重要。雖然我們經常聽到令人擔憂的環境變化新聞，但在這本書裏，作者們着力以正面的視角，觀照大自然和環境怎樣有助人類的發展和福祉。近年，有關環境對健康生活重要性的科學探究，引起了不少人的興趣，也有不少的進展。

隨着我們逐漸成長和成熟，會產生種種特定的人生需求，當這些需求得到滿足時，便有助於我們發揮最大的潛力。在人類整個生命周期中，大自然為我們的健康和發展提供了基礎，又在我們的生命旅程提供了許多療癒活動的可能性。作者馮婉儀 Connie 和周海寧 Nicole 通過對人類成長和發展的理解，探討如何利用自然環境來提供一個兼具教育和療癒活動的路線圖，從而為人類生命周期內的健康和福祉帶來正向影響。

此書結合了 Connie 在園藝治療和 Nicole 在心理學和心理治療的專業知識和特有觀點。她們十分勝任將兩項專業融會交織，為人生發展提供一些指引。作者們概述了自然、生命和發展之間的關聯，以及環境、植物和人類之間的關係如何影響人類健康，也探討了怎樣利用園藝活動來應對人生的困境。

這本書相信能吸引教育工作者、治療師、各位家長和對透過自然帶來身心益處感興趣的大家。書中所呈現的信息涉及並整合了多個範疇，包括成長和發展、教育和心理學、以及在人類生命周期中以自然為本的治療方法，這些範疇都是人們共同關注的。

我對 Connie 和 Nicole 這次開創性的工作表示讚賞，他們將園藝治療整合到人類關注的重要範疇中，並繪出了人生發展過程中提升福祉的一張路線圖。

自序

自從二〇〇五年全身投入園藝治療旅程，屈指一算，已經二十個年頭，相信我的餘生都會繼續園藝治療旅程。途中一步一腳印，苦樂參半，縱有艱辛，仍願堅持！

近年常常被問及：「園藝治療與生命教育都是熱門、流行的課題，園藝治療如何應用在生命教育呢？」對我來說，答案非常明顯：「園藝治療的媒介是有生命，可以經歷生命周期，植物的生命周期和人的生命周期非常相似。在過程中，服務對象和園藝治療師透過與植物接觸，有所體驗和感悟，以生命影響生命，這不就是生命教育嗎？」所以，我一直以來就是推行園藝治療與生命教育。

去年中，腦海突然有一個想法，打算撰寫一本園藝治療與生命教育的書籍，分享我多年來的經歷和感受，於是我將這想法向明窗出版社提出，非常感謝明窗答應再次合作。

本書一共五章，第一章簡述園藝治療與生命教育，園藝治療應用於生命教育可以分為三個層次：(一) 認識生命：生命周期，(二) 應用於人生階段，(三) 反思和感悟。第二章分享人與植物串連的故事，治療的力量來自植物，園藝治療師則是一位促進者，設計有效的療程，讓服務對象與植物串連，達到治療效果。

構思本書時，我回憶起和女兒周海寧 Nicole 小時候一起栽種植物的情境，深深感受到親子種植的樂趣，也想到園藝活動於兒童與青少年成長階段可以發揮的力量，於是第三章定為親子活動內容。去年夏季，我到多倫多探親，和 Nicole 一起在前院「拈花惹草」，又平整後院的花槽和草地，一邊勞動，一邊互相分享生活和工作點滴。Nicole 是心理治療師，也是註冊園藝治療師，而且對於融合和實踐兩者皆有獨到的經驗和心得，於是邀請她撰寫第五章，分享她將園藝治療應用於心理治療和生命教育的體驗和看法。

最後，當然少不了第四章的應用篇，從以人為本的角度、植物的生命周期以及範例闡明園藝治療如何應用在生命教育。

這本《園藝治療：生命療癒處方》相信是我最後一本撰寫的書籍吧！在此特別感謝明窗的編輯 Wendy Leung 小姐和 Carman Chu 小姐，以及香港園藝治療協會的郭翰琛先生一直協助書籍的編寫和梁淑群小姐的翻譯。最後，但同樣重要的是感謝每一位曾經協助及支持我的親友和合作伙伴。

馮婉儀

自序

能夠在園藝治療這個專業領域中與母親一起工作是我的榮幸。園藝和大自然一直是 Connie 的興趣所在，香港的園藝治療更可以說是她畢生的志業。多年前，我仍然記得她堅持將園藝治療帶入香港這個「石屎森林」，並利用所有的公共空間，包括社區園地，來實踐和磨練她的技能。現在想起來，我可能是她最早的服務對象之一，讓我有幸受益於園藝治療與生命教育。Connie 從園地的犁耕到植物的修剪，經常與我分享生活體驗和生命中的不同比喻。

如果我們嘗試放慢腳步、思考一下，生活總是有趣的。即使是日常中最細微之處，也會發現其中蘊含着許多智慧。正如一顆小小的種子，可以長成一棵果實纍纍的大樹，然後在該休息時退下來，對我們人類來說也是如此。我們的存在不是由我們生產什麼來定義的，而是由我們個人的存在感來定義。當你學會從生活中留意和發現種種人生智慧時，便是值得感恩的時刻。

我要向 Connie 深表感謝和感激，她對我作為註冊心理治療師和註冊園藝治療師的工作給予了深厚的信任。我還要感謝負責編輯工作的 Sum 和為我文章翻譯的 Brenda。最後，我要非常感謝所有信任我、跟我分享他們的生命故事和療癒之旅的案主，真有幸曾與他們同行。

願各位總能在圍繞着我們的大自然中，找到希望的曙光。

周海寧

目錄

02 推薦序 Paula Diane Relf

Matthew J. Wichrowski

10 自序 馮婉儀

周海寧

16 第一章 園藝治療與生命教育概覽

40 第二章 人與植物的串連

66 第三章 親子園藝互動指南

96 第四章 園藝治療與生命教育應用

140 第五章 大自然的心理治療法則

園藝治療與生命教育概覽

每當我播下種子後，我都喜歡觀察和靜待種子發芽，然後每天懷着一顆期盼的心，看看它是否發芽了。當它終於破土而出，我總是感到喜悅和雀躍。

回想過去帶領小學生參與園藝治療小組，我常常與同學一起播種。聚會期間，同學經常會問：「為什麼種子還未發芽？我可以挖開泥土看看種子是否還在泥土裏嗎？」我總是微笑着鼓勵他們繼續等待，因為每一顆種子發芽情況不一樣，有一些會快點、有一些會慢一點，需要耐心等候。即使有時種子真的不發芽，我們還是可以再次播種，再接再厲。種子破土而出需要時間和氣力，讓我們體驗期待的感覺，並學習種子的堅毅，在我們日常生活中，何嘗不是充滿期待和需要我們努力呢！

雞冠花小苗

有一年的春天，我到多倫多探親，發現後花園有一些小嫩芽「破冰而出」，我頓時感到驚訝和興奮。破土而出已經不容易，破冰而出更見困難，它能堅毅地生長，真是難能可貴。除了感受期待，克服挑戰外，冬天的時候，小種子深埋在泥土中，儲足養分，靜待春天的來臨，突破困難破土及破冰而出。

破冰而出的幼芽

我曾經在冬天到訪韓國南怡島，也有相同感受，那次遇見一個冰封的荷花池，鋪滿凋謝的蓮蓬和蓮葉，凋零的感覺湧上心頭。靜下來的一刻，卻感受到蓮藕深埋在冰封的池底，冬季休眠，停止生長，等待春天的來臨，再次破土而出。深深感到枯榮有時，凡事順其自然，不要揠苗助長的道理。

深埋在冰封池底的蓮藕

園藝治療的定義

根據美國園藝治療協會的定義：

> 園藝治療是由受過專業訓練的園藝治療師策劃和帶領，讓服務對象參與園藝活動，達到治療效果。活動的參與是在已確立的治療方案、復康或職業計劃的範圍內。園藝治療是一個進展中的過程，其中過程本身被認為是治療活動，而不是最終產品。
>
> *Horticultural therapy is the participation in horticultural activities facilitated by a registered horticultural therapist to achieve specific goals within an established treatment, rehabilitation, or vocational plan. Horticultural therapy is an active process which occurs in the context of an established treatment plan where the process itself is considered the therapeutic activity rather than the end product.*

園藝治療的要素包括：受過專業訓練的園藝治療師、服務對象、園藝活動、治療方案及檢討。園藝治療獨特之處是以植物為介入媒體，植物擁有生命，有其生命周期，花開花落的循環。

植物的成長，
需要悉心及耐心的照顧。

園藝治療的動力——CARE概念模型

Connection
串連
親自接觸植物，串連起人和植物，建立彼此關係。

Activity
活動
園藝治療活動。

CARE

Reflection
反思沉澱
在接觸過程中，植物觸動人的心靈，繼而反思、沉澱和內化。

Experience
經驗
轉化成為生活的實踐。

資料來源：馮婉儀 (2014)。園藝治療——種出身心好健康。香港：明窗出版社

探討生命教育

生命，意味着生、老、病、死的過程。「生從何來，死往何去？」，這是千古以來的哲學命題。印象派畫家保羅高更（Paul Gauguin）的代表作《我們從何處來？我們是誰？我們向何處去？》，畫出人生三部曲，嬰兒象徵着人類的誕生，青年預示着人類的生存發展，老婦則代表人類的生命即將終結。畫家表達人類從生到死的命運，以及對生命意義的哲理探索。

生命教育是探討生命的學科，以哲學角度思考生命的意義。生命教育不僅關注生命的周期，也強調人與外界的互動，包括人與他人、人與環境的關係。一些學者提出「人生三問」：人為何而活？應如何生活？如何才能活出應活出的生命？基於人生三問的概念，這些學者指出生命教育應包括四個範疇：人與生命、人與他人、人與環境和人與宇宙。生命教育是教育學的一個分支，現時，香港特別行政區教育局在中小學推行生命教育，方向包括四個學習層次：認識生命、欣賞生命、尊重生命和探索生命。透過生命教育，讓學生認識生命的意義，積極面對逆境和挑戰，尊重和愛惜生命，追求理想和探索未來。

保羅高更《我們從何處來？我們是誰？我們向何處去？》（維基百科公有領域圖片）

人與植物的生命周期

植物擁有生命周期，階段包括：種子、發芽、成長、開花結果、凋謝，它與人類的生長經驗非常相似：出生、嬰兒、成年、衰老、死亡。植物的生命周期含有死亡的隱喻，亦提醒我們死亡是生命周期的一部分。

園藝治療可以分為三個層次應用於生命教育：

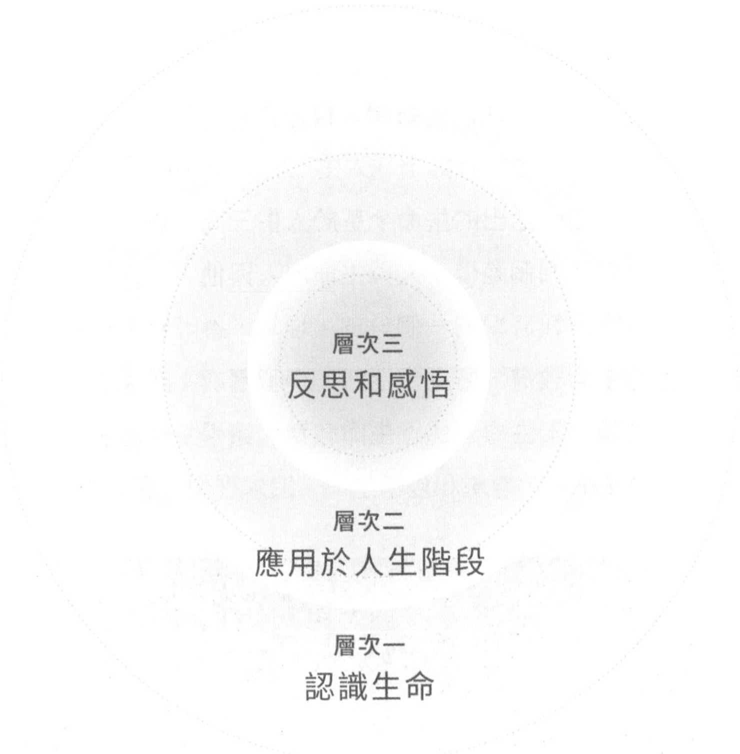

層次三
反思和感悟

層次二
應用於人生階段

層次一
認識生命

園藝治療應用於生命教育層次圖（馮婉儀，2023）

層次一　認識生命

我很喜歡欣賞向日葵的成長過程，因為從中可以深深感受植物的生命周期。在我旅遊多倫多期間，我在雜貨舖買了一些向日葵種子作烹調用，當我回到民宿前院時，便隨手在花槽撒下一些種子。過了數天，種子竟然破土而出，慢慢地長高。於是，我每天到花槽細心觀察向日葵的狀況，期望它會開出花朵。每當我發現花苞出現的迹象，我都會非常興奮。向日葵慢慢地開出花朵，而且花莖也長出側芽和花苞。終於，花槽開滿高大的向日葵，每天彷彿向我打招呼，讓我充滿正能量。然而，隨着它的生命周期進入尾聲，它的花莖開始彎腰，花瓣也漸漸枯萎。雖然有點捨不得，但這是它必然的周期，我可以收集它的種子，在同一花槽內再次播種，並且將枯萎的枝莖埋在泥土，化作春泥更護花，延續它的生命。

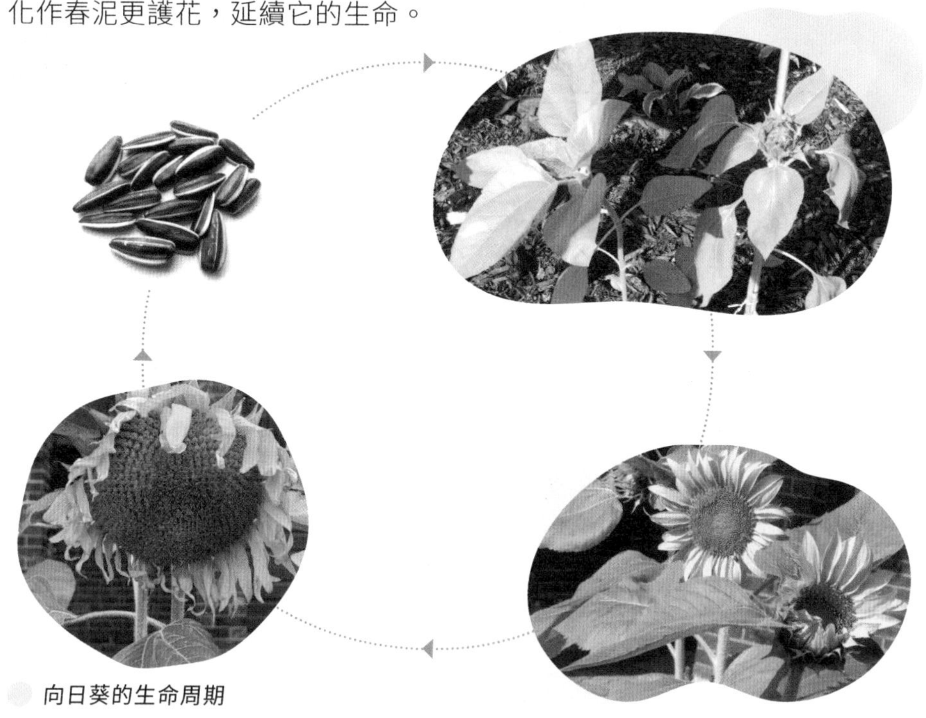

向日葵的生命周期

在園藝治療小組中，談及生死話題對某些服務對象是一項挑戰，例如長者一般都比較避忌談及死亡話題，而兒童及認知障礙人士亦很難理解生死及成長這些抽象概念。然而，透過種植並體驗植物的生命周期，他們比較容易理解這些抽象的概念。在一些兒童園藝治療小組聚會中，當兒童照顧他們栽種的植物時，他們會用尺子替植物量高度，並在記錄冊記下植物的高度，這些行為讓他們能夠實實在在體會植物的生長，並從中理解自身的成長及發展。

為植物量高

盛放的石竹

有一次，我在復康機構帶領園藝治療小組，對象是認知障礙症人士。我們由播種四季豆開始，透過種植過程，讓他們參與照顧植物的成長，親身經歷植物開花、結果和凋謝。栽種過程中，種子可能發芽失敗而要再次播種，或者被病蟲侵害而無法成長。栽種植物可以讓組員體驗困難與挫折，甚至體會生命的脆弱和無奈，從而聯想及認識人的生命周期，包括生、老、病、死的過程。

對於長者來說，直接談論生死話題可能是令人避諱的，他們會感受不舒服和備受壓力。而透過種植，讓長者體驗植物生命周期，從而用正面寬容的態度面對疾病和死亡，是一種比較自然和柔性的手法，更容易被長者接受。

又有一次，我和園藝治療師在善終病房舉辦園藝治療小組，其中一位老伯病況嚴重，未能到客廳參與活動。小組完畢後，園藝治療師到他的病牀旁邊，讓他單獨進行簡單的園藝治療活動：修剪一盆石竹，將凋謝的花朵摘去。老伯因為身體虛弱，不能自行摘去花朵，需要女兒替他撥開枝葉，讓他進行修剪。修剪完畢，他微笑跟治療師及家人分享，表示石竹很美麗，他將來離世到天家，相信也會見到石竹那樣美麗的花草。雖然修剪活動很簡單，但可以讓服務對象輕鬆、自然地分享對死亡的看法。園藝治療師是一位促進者，設計合適的治療活動，達到治療效果，而治療力量來自植物，串連人與植物的關係。

層次二　應用於人生階段

心理學家艾歷・艾力遜（Erik Erikson）提出其著名的「社會心理發展階段學說」（Erikson's stages of psychosocial development），認為人的一生有八個發展階段。由出生直到年華老去，每個階段會面對不同挑戰，無論成功或未能克服這些挑戰，都會影響着個人的成長。

不同文獻和研究結果都指出園藝治療能帶來不同的好處。園藝治療可以讓人獲得以下各方面的效益，包括：社交、認知、情緒／心理、體能、創意等，更好地面對生命中的挑戰。

園藝治療的效益

我曾經帶領一個中學生園藝治療小組，主要目標是提升他們抵抗逆境的能力，其中一項園藝治療活動是製作壓花，將一些新鮮花朵，壓製成平面的乾燥花材。我準備了數盆三色堇作壓花用，組員可以在校園內自行採摘一些花朵或葉子。我首先向他們解釋壓花技巧，及選擇花材的準則——花葉要比較薄和乾身。組員十分興奮地在花園採摘不同的花朵，似乎忘記了選擇材料的準則，於是我再次提醒他們，但他們樂極忘形，沒有在意我的提示，也沒有選擇我準備的三色堇。兩星期後，同學一同打開壓花板，大家突然間安靜起來 —— 幾乎所有壓花都發霉了。於是我問他們該如何處理，他們表示要到花園採摘花葉，再次嘗試。當然，我再三提醒選擇花葉的準則，然而大部分組員還是迫不及待地到花園採摘花葉，顯然沒有把提示放在心上。

過了兩星期，我們再次打開壓花板，情況比第一次改善，但是仍然有很多發霉的壓花，我們唯有將發霉的花葉放進堆肥箱。在小組分享交流時，我問同學覺得壓花發霉的原因是什麼，同學提出不同的原因：天氣潮濕、放置在不通風的儲物室等，之後便一片沉默了。突然有一位女同學解釋是他們沒有跟從選擇花葉的準則，同學們恍似如夢初醒，於是我再次重申選擇花葉的重要性，鼓勵他們明年小組再嘗試。雖然這次壓花活動不成功，未能準備壓花作活動用，但在他們的心聲分享中，反映了他們的反思和感受。

失敗的壓花——發霉和顏色暗啞，不能使用

組員心聲分享

「我覺得這次活動很有新鮮感，在壓花和瓶栽上有很好玩的經驗。但十分可惜的是壓花不成功，希望再做的時候，會更好啊！」

「這個活動使我明白到失敗不用灰心，因為在活動中不時遇到問題，這令我更能勇於面對失敗。」

「在這個活動當中，我感到很大的自由度，因為可以創造一個獨一無二的個人花園和一個蔬果園，可惜我的所有壓花幾乎全軍覆沒，令我非常失望，但是我絕不會放棄，我會全力以赴做到最好。」

「至於壓花，雖然不太成功，但在過程中亦學到很多壓花的常識。」

在檢討此類園藝治療小組，除了組員的分享作為質性的資料；一般也會採用「一般自我效能感量表」（General Self-Efficacy Scale, GSES）作為前測和後測，採集一些量化數據。

園藝治療可以促進個人成長，透過栽種過程，體驗植物生長過程、開花結果、有收成時一起分享成果；如果失敗了，則學習面對困難，從逆境中反彈，再接再厲。

園藝是一項無威脅性及無歧視性的活動。不論照顧者的能力和狀況，只要給予植物基本的需要：陽光、空氣和水，當然要依據植物的特性，擺放在合適的位置，它便會按它的節奏生長。

不論長者、兒童或有特別需要的人士，我發覺他們栽種的植物往往生長得非常好。當問及他們如何栽種得那麼好，他們表示沒有什麼特別方法，只是定時澆水，擺放在有陽光和通風的地方。

植物生長不會因為服務對象的狀況而有所不同，只要你給予基本生長要素，它便會茁壯成長。我經常和服務對象說笑：「植物不會因你穿得漂亮而開花結果，它只需要陽光、空氣和水。」園藝能夠讓參加者輕鬆地認識自我和探索世界，發揮內在潛能，尋找獨特的「小宇宙」。

我曾經帶領小學園藝治療小組，組員由學校社工轉介，大部分同學都有特殊教育需要。我對其中一位兒童的印象非常深刻，小華（化名）的成績和行為欠理想，但他十分投入園藝治療小組，尤其是種植活動；他十分熱心照顧他的植物，每逢小息，他便會和組員探訪自己栽種的花草。每次學校假期，他更要求母親來學校，將他的植物帶回家照顧。有一次小華的母親很好奇地問我：「小華在逛街時，常常說馮姑娘教他們將植物剪下來，插在泥土，就可以長出一棵植物來。究竟是不是所有植物剪下來就可以生長呢？」

我回答：「當然不是所有植物都可以剪下來，用扦插的方法去繁殖。但我為小組挑選的植物是可以扦插繁殖的，希望讓小朋友體驗生命的奇妙和種植的成功感。」

小華的母親繼續分享：「兒子非常投入種植，我察覺他的責任感和成功感提升不少。每逢我們一家往外地旅遊，他第一個請求便是要求將植物搬到舅父家中，讓舅父繼續替他澆水，以免凋謝。」

小華曾經向我提出請求，要求將非洲鳳仙花從學校帶回家中照顧，我向他解釋，他家中沒有戶外空間，可能會影響植物的生長和開花，但他表示希望可以每天看到和照顧植物，這反映了他對植物的熱愛。兒童需要時間成長，有些成長的種子藏在他們心裏，在合適的時候便會發芽，小華和植物接觸，觸動他的心靈，找到他的「小宇宙」，盼望他的責任感和成功感，能轉移到他的日常生活上。

非洲鳳仙花

層次三 反思和感悟

園藝是一種感官體驗。透過我們的感官，讓我們察覺周遭的世界，藉此體會喜悅，悲傷、快樂和痛苦、有所反思和感悟。當人看見美麗的花朵，會感到歡悅和開心，令人覺得世界美好，充滿生機；當人看見枯萎的樹葉，可能會有可惜和失去的感覺。

享受農耕樂

我在任職園藝治療師生涯之初，每逢周末都會到朋友的有機農場耕種。在耕種的過程中，讓我反思良多。首先，我發現「株行距」對栽種蔬菜、花卉和樹木都是非常重要，尤其播種和移苗，每棵植物與另一棵植物之間需要有一定的距離，才能有足夠空間生長。如果太擠迫，會因養分不足而生長得很瘦弱。如果距離太遠，則未能善用空間，導致雜草叢生。黎巴嫩著名詩人紀伯倫（Kahlil Gibran）在其代表作《先知》（*The Prophet*）一書中，以樹木比喻人與人之間的距離，樹木不可以過分地依附在一起，彼此之間要有適當的距離。人也一樣，不論親友或工作伙伴，人與人之間需要保持適當的距離，距離太近互相纏繞，距離太遠則互不關連，兩者都不理想。

清除雜草

清除雜草是一份艱辛及耗時的工作，我經常花上數小時清理田間的雜草。除草期間，我察覺到田間幾乎每個角落都有雜草。當我蹲下來除草時，往往會體驗到生活並不是那麼容易。就算規劃花園時，設計方面已盡量減少雜草生長的條件，但它們仍然不停地長出來，相比我們栽種的花卉蔬果還要長得更快更茂盛，使我們需要頻繁地清除雜草。這讓我感受到事情就算細心準備，都未必如願以償，了解到人的局限性。

病蟲侵害也是耕種的一大挑戰，在耕地上最常出現的昆蟲是螞蟻、蜜蜂及菜粉蝶等，它們可能會讓我們的努力變成泡影，甚至構成危險。想起往昔在長者中心工作時，每天午飯後，我都會到花園捕蟲，以免它們吃掉栽種中的花卉和蔬果。花園也曾經有白蟻，我們花了很多工夫才能清理。其實每個花園或農田，都有蟲子，如果我們不分青紅皂白殺死或趕走所有蟲子，我們便沒有蝴蝶和蜜蜂，那麼如何傳播花粉呢？有一次在花園觀賞茶花時，我發現有一隻螞蟻在花蕊中間，相信正在採集花蜜，過程中有機會傳播花粉，幫助花兒繁衍後代，從此我對螞蟻改觀了。當你仔細地觀察，會發現在大自然裏有很多東西值得學習。它是一個多樣性、共融的環境，我們也是其中的一分子，彼此互相效力。

採蜜中的昆蟲

蜜蜂在花蕊中採集花蜜

富貴竹的生命力

扦插後的富貴竹

我曾在家中栽種富貴竹，它們不斷長高，高高瘦瘦，其貌不揚，於是我將它們修剪扦插。在節點上剪下去，剪出一些插穗作扦插用。有些長得實在太高了，便將它們貼着泥面剪下，再將插穗剪成數段，栽種在母株旁邊。經過修剪扦插後，富貴竹變得肥肥矮矮，很強壯的感覺。數星期後，在泥土長出一株株富貴竹小苗來，原本以為貼泥剪掉的富貴竹不會再生長，真是意想不到，竟又重生，株數增多了，變得更茂盛。突然想起白居易的成名作《賦得古原草送別》:「離離原上草，一歲一枯榮。野火燒不盡，春風吹又生。」同樣教人感受到植物的生命力。

離離原上草，一歲一枯榮。
野火燒不盡，春風吹又生。

「成長路」園藝治療小組

在一次園藝治療小組上，我與一班年輕女組員一起栽種向日葵，當種子破土而出，長出幼苗時，我們發現它的枝莖非常幼弱，很容易折斷。其中一位組員緊張地問我：「向日葵幼苗差不多折斷，只剩下小小枝莖連在一起，有沒有辦法拯救它？」我和她在小苗旁邊加上竹枝，和小苗輕輕綁在一起，扶持小幼苗，希望它能自行治癒。過了數星期，小苗折斷的部分真的連接在一起，繼續生長。

女組員十分開心地和我分享，說這次經歷讓她聯想起母親對她的愛。回想起她曾經折斷手臂，母親細心地替她包紮，日常生活上無微不至，直至手臂康復。現在她照顧小幼苗，就好像母親照顧她一樣，讓她心存感恩。

在這小組，我們曾一起在小盆內播種小麥草。當小麥草長高了，她們便會替小麥草梳理頭髮及設計髮型，和它們綁辮子和紮髻，並加上不同的髮飾，創意無限。我們又將小麥草剪下來榨汁，一起品嘗蘋果小麥草汁。之後，我們便將小麥草盆栽放進堆肥箱，我對這情景印象十分深刻。組員圍站在堆肥箱，當我示意她們將小麥草從盆中拿出來放進堆肥箱的一刻，組員全部默不發聲，原來她們捨不得將她們栽種的小麥草放進堆肥箱。我鼓勵她們將小麥草放進堆肥箱，讓它轉化成有機堆肥，給其他植物施肥。

將小麥草盆栽放進堆肥箱

我希望組員透過這次栽種經驗，學習自主決定和作出取捨，要相信改變是可能的，但同時需要時間、毅力和克服困難。就像植物要因應環境條件而作出改變，我們的成長道路也一樣，需要不斷努力和作出各種改變，這也體現我們的活力和生命力。

參考資料

1. 馮婉儀 (2014)。園藝治療——種出身心好健康。香港：明窗出版社
2. 馮婉儀、郭翰琛 (2020)。園藝治療與長者服務——種出身心好健康。香港：明窗出版社
3. Bandura A.（1997）. *Self-Efficacy: The Exercise of Control*. New York : W.H. Freeman.
4. Gibran K.（1992）. *The Prophet*. New York: Alfred A. Knopf.
5. Kaplan, R., & Kaplan, S.（1989）. *The Experience of Nature: A Psychological Perspective*. New York , NY: Cambridge University Press.
6. Kolb, D. A.（1984）. *Experiential Learning : Experience as the Source of Learning and Development*. Englewood Cliffs, N.J.: Prentice-Hall.
7. Louv, Richard（2005）. *Last Child in the Woods : Saving our Children from Nature-deficit Disorder*. Chapel Hill, N.C. : Algonquin Books of Chapel Hill.
8. The Old Farmer's Almanac: *The Gift of Gardening（2018）*. South Portland, ME: Sellers Publishing, Inc.
9. American Horticultural Therapy Association. *AHTA Definitions and Positions paper*. Retrieved 1 February 2024 from https://www.ahta.org/ahta-definitions-and-positions.
10. 譯者：張訓，生命教育「五大核心素養」，培養學生思辨人生價值的能力，2024 年 2 月 1 日擷取自 https://www.thenewslens.com/article/97858
11. 價值觀教育（生命教育）系列：通過課堂內外學習推動生命教育（新辦），2024 年 2 月 7 日擷取自 https://www.edb.gov.hk/attachment/tc/curriculum-development/4-key-tasks/moral-civic/PDP%20Handout/CDI020230092_4.pdf

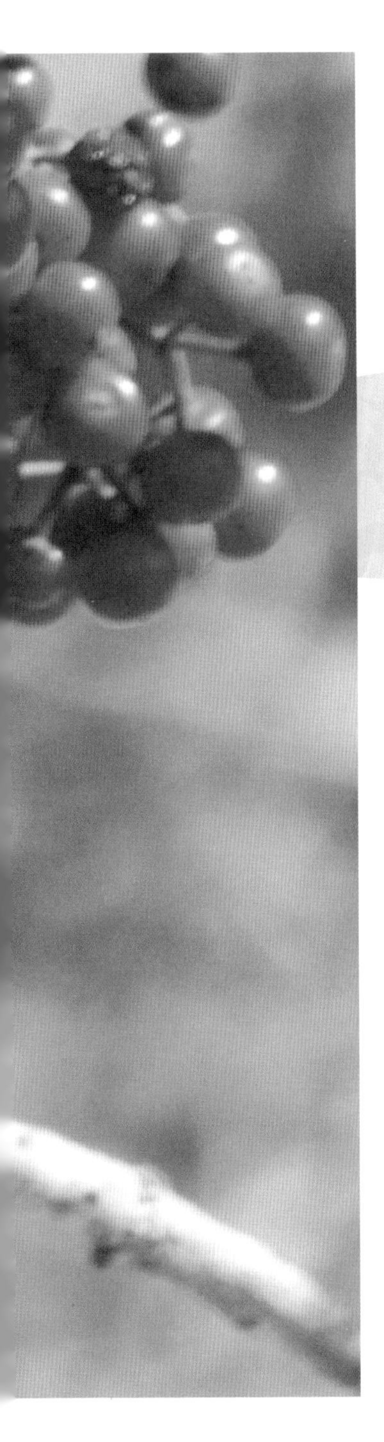

第2章

人與植物的串連

園藝治療獨特之處是以植物為介入媒體。園藝治療的力量來自植物，而園藝治療師則是一位促進者，以人為本，為服務對象訂立適切的治療目標和設計合適的治療計劃，達到最佳治療效果，所以園藝治療的精髓是人與植物的串連。

美國園藝家查爾斯·劉易斯（Charles Lewis）在他的著作 *Green Nature / Human Nature* 中提到人與植物的關係，當中包括兩個概念部分：

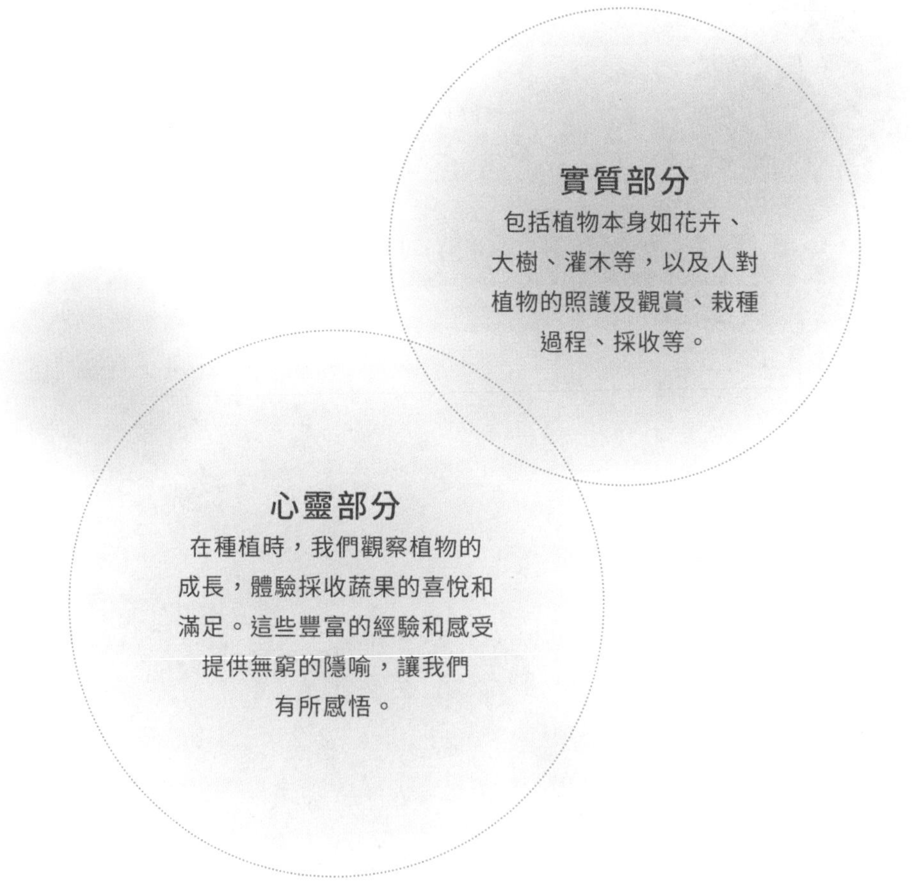

實質部分

包括植物本身如花卉、大樹、灌木等，以及人對植物的照護及觀賞、栽種過程、採收等。

心靈部分

在種植時，我們觀察植物的成長，體驗採收蔬果的喜悅和滿足。這些豐富的經驗和感受提供無窮的隱喻，讓我們有所感悟。

人與植物的關係——兩個概念（查爾斯·劉易斯）

讓植物觸動你的心靈

大自然的足跡

秋天是遠足郊遊的好季節，我經常在周末到郊區遠足，如大欖引水道、城門水塘、荃灣海濱公園、荃灣至深井沿海步道等，都留下我不少足跡。我一邊漫步，一邊靜心欣賞路邊的花花草草，集中專注當下的一刻，讓我感受卡普蘭夫婦（Rachel & Stephen Kaplan）兩位學者的「專注力恢復理論」（Attention Restoration Theory）提到的柔性魅力（Soft fascination），重新體會日常忽略的美好事物，在大自然中觸動心靈。

路邊的鐵冬青

耳果相思

我的「無價寶」

大自然的耳飾

我和它在一條引水道中偶遇。在一次行山中，我在路旁發現一些枯乾的種子莢，形狀十分特別，於是我蹲下來，拾起看看。它們蜷曲在一起，而且有一些「黃線」懸掛着一顆顆黑色的小種子，像是耳朵戴上耳飾一樣。於是我好奇地抬頭，找尋它是在從哪棵樹掉下來的，然後我驚訝地發現，頭頂的樹木掛滿青色和啡褐色的果莢。後來我得知這奇特的植物名為「耳果相思」。耳果相思的果實為深啡色的莢果，成熟時呈盤旋狀，形狀似耳朵。莢果內含數顆黑褐色的種子，而種子是扁平的橢圓形。耳果相思讓我驚嘆大自然的奇妙！我們可以隨意在商店購買喜愛的耳飾，但耳果相思的「耳飾」卻不能用金錢來衡量，而且是有時限的，耳果相思真的是我的「無價寶」呢！

凋零仍是美

宮粉羊蹄甲是香港常見的植物，不論在市區或者郊野公園都很容易找到。它的葉子像羊蹄，在我小時候，我會將它的葉子夾在厚書裏，將它壓製成為可以收藏的壓葉，並在壓葉上面寫上鼓勵自己的句子。在荃灣海濱公園海旁，便有一整排的宮粉羊蹄甲，每逢花開盛放的日子，場面都很漂亮壯觀。花期過了，便是結果的時刻，它的果莢是瘦長的、啡色的。有一次在引水道遠足，我發現路上有很多宮粉羊蹄甲的葉子，有些是剛剛掉落的新鮮葉子，也有一些枯萎了，細看葉子，欣賞它的葉脈分明，也讓我感受到凋零之美。

盛放既美，凋零亦美

宮粉羊蹄甲

我又發現一些枯葉印壓在瀝青路面，形成一幅幅的藝術作品，讓我一邊漫步，一邊欣賞。這也令我想起在美國密歇根植物園（Michigan Botanic Garden）見過地板上金啡色的花葉裝飾圖案，同樣十分美麗，當時也拍下不少照片。宮粉羊蹄甲的葉子印壓在瀝青路面，媲美植物園的地板藝術設計呢。這些印壓的葉子，就像一步一腳印，替我們的經歷留下印記。

壓下印記

密歇根植物園地板上的裝飾

我拾起一塊枯葉，發現葉面滿佈小孔，
相信它會慢慢地分解，變作肥料滋養大地。
將枯葉拿高一看，感覺就像透視人生……
人生是不停地經歷、反思、學習和感悟。

青綠色、啡色、黑灰色的芒萁叢

相逢在山上

行山時，常常在山坡見到芒萁。它的葉子呈現一個V字，就像舉起勝利（Victory）的鼓勵手勢向我打招呼。當我近距離接觸芒萁時，發現它的不同生長階段，會呈現不同的顏色和形態——青綠色、啡色、黑灰色；有些挺直地生長、有些捲曲。我還發現有新生長的小葉芽，捲曲起來很像波板糖，十分有趣可愛。

勝利V字手勢

波板糖葉芽

芒萁的層次與階段

山坡上的芒萁，啡啡綠綠，不同顏色代表它不同的生長階段。當它慢慢枯萎時，會由綠色轉成啡色，變成灰灰黑黑，顏色並不吸引，但它的形態會捲曲，與年輕的芒萁生長在一起，構成一幅美麗的大自然拼圖，讓我感受到植物的生命奧妙。

倒吊風乾

芒萁麥稈菊花環

我記起在網絡上見過一些綠色及染上白色、金色、黃色的芒萁，被製成非常漂亮的花環。將芒萁葉片捆綁一起，倒吊風乾。過了一星期，風乾了的葉子仍然保持翠綠，我將它們和風乾的麥稈菊、千日紅和其他乾花拼在一起，製成一個漂亮的乾花環。這樣，落葉與花朵再次被賦予生命。

當我仔細觀察芒萁叢，發現它們生長得非常健康，還有很多芒萁葉芽，其中有一株折斷了，只剩下枝莖，感覺有些可惜，但在折斷的枝莖旁長出新枝抽芽，捲曲的葉芽就像整裝待發，要長出綠油油的葉子。這令我想到，生命每一階段都會面對順境和挑戰。當失望的時候，請不用氣餒，靜待時機，重新出發！

折斷的枝莖旁長出新枝抽芽

奇妙的蛻變

二〇一八年，我參觀美國丹佛植物園的末底改兒童花園（Mordecai Children's Garden, Denver Botanic Gardens），看見一棵不知名的樹，樹皮白白的，樹皮上彷彿長滿了大大小小的眼睛，炯炯有神地凝望着人們。

同行的友人告訴我它是樺樹。樹上的「眼睛」其實是樹木成長時，一些橫枝自然脫落、傷口癒合之後形成的樹痂。樺樹令我對賞樹有了新的角度：除了欣賞花葉和枝幹的美態，原來樹皮也有很大的探索空間。樺樹有很多品種，其中白樺的表皮會剝落。相傳俄羅斯有種民間習俗，將白樺樹皮小心剝下，作為情書信紙，多麼浪漫呢！

我在城門水塘郊野公園遠足時，發現有兩種樹的樹皮也會剝落。公園有一片白千層林，當中的白千層樹幹高高直直，非常壯觀，樹皮剝落後露出褐白色的樹幹，薄薄的樹皮鋪滿地上。花的形狀也很特別，就像一個奶樽刷子。

為什麼樹皮會脫落呢？原來，樹皮因樹幹生長快速而剝落，讓它的樹皮更新，大樹繼續成長。這是自然的生長過程，對大樹沒有什麼不良影響。

沿路又發現檸檬桉，它屬於桉樹的品種，搓揉葉片後，會散發檸檬香氣，因而得名。它的樹皮也會每年剝落，樹幹變得光滑灰白。桉樹其中一個品種叫彩虹桉，很是特別，樹皮剝落後，樹幹會呈現出五顏六色，就像彩虹一般。它油畫般的色彩是怎麼來呢？原來每年

樺樹上長滿眼睛

樹皮在不同時間剝落，外皮剝落位置，會呈現亮綠色的內皮。樹皮顏色會逐漸變暗，由藍色變成紫色，然後又變成橙色和栗色，於是產生像彩虹一般的色彩。有一次漫遊香港迪士尼公園迪欣湖的時候和它相遇，真是讓我嘆為觀止！

白千層

在人生旅程上，我們時常會經歷不同的抉擇、捨棄、付出和收穫，這就像樹皮剝落一樣，雖然痛苦，但也使我們成長。我曾在多倫多逛街的時候，見到有商舖展示一些樹皮工藝品，非常有創意和漂亮！這讓我靈機一觸，將一些脫落的樹皮，製作成獨一無二的花盆和標示牌，感受奇妙的蛻變力量。

彩虹桉

樹皮花盆

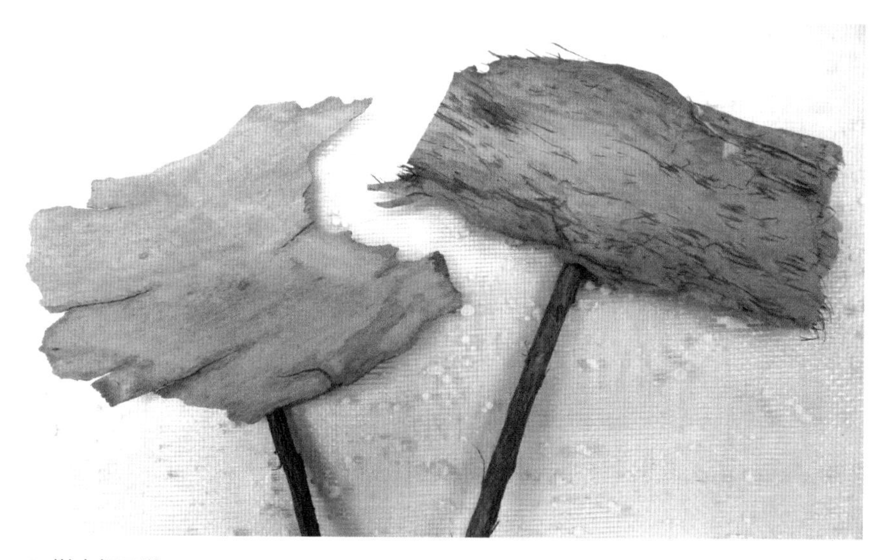

樹皮標示牌

串連，觸動，感悟

賞楓，是秋天熱門的旅遊活動。楓屬（Acer）植物都是落葉喬木或灌木，包括品種繁多的楓樹和槭樹（英文統稱為 Maples）。美洲的紅楓為高大品種，亞洲的品種則為中小型喬木。它們的葉子形狀獨特，而且會在秋天變色。葉子的綠色來自葉綠素，秋冬時，氣溫下降和日照減少，促使葉綠素降解，原本被葉綠素遮住、輔助光合作用的類胡蘿蔔素呈現，令葉子出現橙與金黃等顏色；此外葉子也會產生有保護作用的花青素，而呈現出紅與紫等色彩；兩種色素交互作用，令葉子由綠色變成燦爛的紅色、橙色、黃色，好像色彩展覽。隨着天氣漸冷，葉子漸漸落下，也代表着葉子的生命即將會完結，正在努力保留生命最美好的一刻。

楓葉隧道

我曾經到過韓國和加拿大賞楓，感受浪漫淒美的氣息。韓國其中一個賞楓熱門景點是內藏山國立公園，當你步入公園，就像漫步於楓葉隧道，被豔紅燦黃的楓葉包圍，漫山紅葉。山上還有各種不同的樹木，像金黃色的銀杏樹，掛滿鮮橙色渾圓果實的柿樹等。低頭一望，遍地紅葉，銀杏樹下更鋪滿金黃色的地氈。從山坡下望，翠綠的楓葉和山坡下掉在地上的紅葉交織在一起，拼成一幅美麗的圖畫。

楓葉飄落在紅葉上

柿子掛滿柿樹上

從高處拍攝一棵楓樹頂部的綠葉，彷彿和地上紅色的落葉交融一起，真是奇景！

韓國的楓樹是中小型喬木，觸手可及。偶爾停下來與樹上楓葉對望，觸摸葉子，細看它的葉脈紋理和漸變的色調，讓人深深感受到大自然的奇妙。

在秋季到訪「楓葉之國」加拿大，我必到省立公園漫步楓樹林，沿途在加拿大賞楓公路「楓葉大道」，邊坐車邊欣賞美景。我曾經在北美千島湖（Thousand Islands）乘船賞楓、從蘇珊瑪利（Sault Ste. Marie）乘火車賞楓，不同賞楓方式，帶來不同感受。加拿大的楓樹是高大喬木，生長茂密，從遠處觀賞，就像一幅美麗的油畫，真是美不勝收。

Mark S. Burnham 公園的楓樹

二〇一九年，我到加拿大 Mark S. Burnham 省立公園觀賞楓葉。一進入公園，陽光從葉梢照射下來，映入眼簾的是紅、橙、黃、綠色，挺拔健壯的楓樹。我深深呼吸一口氣，感受大自然的溫暖，懷着輕鬆的心情，欣賞兩旁的美景。紅紅黃黃的葉兒偶然從天上飄落，每遇上我都會急急伸手接着。步道兩旁矗立着不同大小的樹幹，顏色各異的楓葉飄落在這些樹幹上，我更發現樹幹上長出翠綠的青苔，兩者拼貼在一起，構成一件大自然的藝術品。走近一看，發現樹幹的年輪，紋路疏疏密密呈現在樹幹上，有些年輪已經發霉變黑，甚至中間被腐蝕，形成一個大洞，並長出一些不知名的菇菌，這是它經歷風霜洗禮的印記。雖然這是它生命周期的最後階段，不能再次長出花葉，但它仍可以孕育青苔和菇菌，分解轉化為肥料滋養大地。

樹幹上楓葉與青苔

樹幹與菇菌

年輪發霉變黑

我的人生年輪又如何呢？
在人生不同階段，
讓我以積極態度面對
不同挑戰。

楓樹不僅有觀賞價值，而且帶來經濟效益。楓樹是蜜源植物，供給蝴蝶蜜蜂等昆蟲花蜜飽餐，木材則可以製造各種木製品。楓樹的樹液還可以製成美味的楓樹糖漿（Maple syrup）和楓糖（Maple sugar），而糖楓（Acer saccharum Marshall）是製作楓樹糖漿的主要楓樹。我很喜歡品嘗楓樹糖漿，尤其是在班戟或窩夫塗上楓樹糖漿，

真是美味可口。曾經在多倫多參觀楓樹農場，農場栽滿了楓樹。農場自十六世紀開展，一直傳承至今，現今農場主人已經是第十三代，真是不可思議。我見到每棵楓樹都插上膠喉，連接糖漿收集設施，每年冬天便是收集糖漿的季節。當我坐在農場餐廳享用楓糖午餐時，發現牆上有一幅楓葉畫，和掛在我辦公室的楓葉畫很相似，讓我非常有共鳴，於是和農場主人分享楓葉畫製作，當然不會錯過在農場購買楓樹糖漿呢！

收集糖漿的膠喉

楓樹在生命周期各階段，盡情地發揮它的功能。願我能像楓樹一樣，在人生路上辛勤努力，發揮潛能，活出精彩人生！

農場的楓葉畫

我辦公室的楓葉畫

春風吹又生

在加拿大探親時，我經常到公園散步，草地上有很多野草，我認識其中一種，就是三葉草（Clover），親友家中前院後院也長滿三葉草。三葉草有兩個品種，包括白花和紅花，多數為三片小葉，花語是希望，偶爾出現四片葉，就是代表幸運的「四葉草」。香港的公園和郊野常見一種形似三葉草的植物，其實是酢漿草（Wood sorrel），同樣分為紅花和黃花兩個品種，只有三片葉，本地人也慣稱之為三葉草，但其實花形和真正的三葉草完全不同呢。

相隔不久，公園工作人員便會駕駛着剷草車將它們剷掉，但堅毅的三葉草很快又長出來。它會在冬季枯萎，在春天又長出幼苗，毋須施肥和照料，很快就長滿草地，生命力十分頑強。我曾經在商店看見大包的三葉草種子，感覺十分驚訝，原來三葉草也有經濟價值。

三葉草令我想起草地上另一種野草，就是蒲公英。每逢春天，草地就滿佈蒲公英，在短短數月內，蒲公英經歷它的生命周期，由

蒲公英

嫩黃的花朵，凋謝後結出果實，長成一個個純白絨球，球上小白傘的種子隨風飄揚，剩下花萼，種子便降落在新的地方，長出新生命，生生不息。

回想我第一次將三葉草製成壓花，希望可以保持它的美態，長期欣賞。雖然三葉草頗厚，水分較多，可能會壓製失敗，但我儘管嘗試，仔細地將三葉草放在吸水紙和壓花板。過了一星期，我將壓花板打開，三葉草壓製竟然成功了！當我們用平面角度欣賞三葉草，會有另一種感受，因為立體的鮮花和平面的壓花各有美態。這讓我聯想起我們面對的生活壓力，有時是來自觀點與角度，如果我們能嘗試用另一角度觀察事物，可能會有不一樣體驗，壓力也因此減輕。

紅花三葉草

紅花三葉草壓花

三葉草和蒲公英都讓我感受無限的生命力，它們在艱難的環境中努力不懈，抵抗逆境。我在二〇〇五年成為全職園藝治療師，當時園藝治療是一門陌生的專業，一般人都不知道什麼是園藝治療，推廣工作一點也不容易。但我憑着一腔熱誠和親友的支持，一直堅持至今，愈來愈多社福機構和學校都意識到園藝治療的價值，真是一步一腳印的成果。

園藝治療師與植物的串連

園藝治療的介入媒體是有生命的植物，在設計園藝治療的療程時，選擇合適的植物以達到治療效果是非常重要。治療師需要花時間享受與植物的接觸，體會和感受植物的力量。

心型的樹紋彷彿提示做人要「有心」和「用心」

在園藝治療課堂與學生分享：

園藝治療師最重要的條件是要「有心、用心」，真心喜愛植物和助人。就算栽種失敗，也是一個經歷，反思失敗原因，人生何嘗不是充滿順境和逆境呢？

植物是園藝治療的靈魂，若未曾嘗試栽種或認識某種植物，就不要應用在治療小組或項目上啊！彩葉草是我常常向學生推介的植物之一，它有許多不同品種，而且葉子顏色豐富，觀賞價值甚高。它的美態和色彩，令人精神為之一振，也會帶來開心歡愉。有一次參觀密蘇里植物園（Missouri Botanical Garden），我看見一大幅不同品種的彩葉草花牆，非常壯觀和漂亮。它易於繁殖，扦插和分株成功率都很高。香港的夏季炎熱潮濕，不利很多花卉的栽種，但彩葉草可以抵受

陽光照射，在盛夏替花園增添色彩和活力。我很鼓勵同學親自繁殖彩葉草，享受栽種的樂趣，我也經常和學生說笑：「彩葉草扦插成功率高達八成，但如果你『碰巧』失敗，便真的要繼續努力！」

密蘇里植物園彩葉草花牆

參考資料

1. 馮婉儀（2014）。園藝治療——種出身心好健康。香港：明窗出版社
2. 馮婉儀、郭翰琛（2020）。園藝治療與長者服務——種出身心好健康。香港：明窗出版社
3. 譯者：林木泉（2008）。園藝治療入門。台灣：洪葉文化事業有限公司
4. 科普中國「變紅、變黃……秋天葉子掉落之前，為什麼會變色？」2024 年 2 月 1 日擷取自 kepuchina.cn\more\202011\t20201110_2838524.shtml

第3章

親子園藝互動指南

漫步花園間，每當看見有小孩和父母一起賞花，我都會停下來，感受他們親子之間的互動和愛意。在帶領學童的園藝治療小組時，我都非常享受和小孩一起投入栽種。他們的小手混合着泥土，將泥土放進盆子裏，然後挖掘一個小洞，小心翼翼將細小的花苗放進盆裏。

良好親子關係

女兒小時候，我除了和她一起玩芭比公仔、煮飯仔，也常常和她在家中種植小盆栽。我們在客廳擺放不同品種的室內植物，一起澆水和修剪，當植物生長擠迫，又替它們搬家。在周末期間，更會在前、後院種花除草。秋天是園藝活動繁忙的季節，我們其中一項任務是掃楓葉，記得曾經在一個周末，清理了十多袋枯葉，真是壯舉！我們又在前院花槽埋下鬱金香和劍蘭球根，期望春天長出花苗。春天來臨

我們一家採摘蔬果

了，花槽長出七彩繽紛的鬱金香和劍蘭，真是開心興奮，是我們衷心期盼後，大自然回饋的美好結果。夏季周末的日子，我們又會到農場採摘蔬果，最難忘就是採摘樹上的車厘子，和在田中採摘士多啤梨，採摘後，立即清洗便品嘗，十分新鮮可口。

親子關係是指父母與子女之間的關係。一些學者指出，當孩子與父母建立積極、充滿愛意的關係，他們會獲得安全感，有信心探索世界，可以幫助他們的學習和整體發展。

美國哈佛大學的霍華德・加德納（Howard Gardner）教授在一九八三年提出了「多元智能理論」（Theory of Multiple Intelligences）。根據理論，不能以單一範疇上的表現來衡量一個人的智能。他提出的多元智能包括語言、邏輯運算、音樂、身體動覺、空間感、人際關係、內省及博物學。「博物學智能」是關於認識植物、動物和其他自然環境的能力；也涉及人對自然和社會的探索能力，以及人類在地球生態系統中的角色。加德納認為，想兒童更有效地學習，最佳的方法是透過不同的學習模式。而要提升博物學智能，在戶外環境學習最佳，博物學智能優異的兒童，普遍對大自然敏銳，喜愛大自然。

美國作家理查洛夫（Richard Louv）在其二〇〇五年的著作《失去山林的孩子：拯救大自然缺失症兒童》（*Last Child In the Woods : Saving Our Children From Nature-Deficit Disorder*）中，指出若兒童缺乏機會接觸大自然，較容易引致一些健康問題，如肥胖、專注力失調症和抑鬱症。在自然環境中學習，能夠激發創造力，可以提高學習成效，培養解決問題的能力、批判性思維和決策能力。

花園是小朋友探索世界的好地方，它可以提供不同的感官刺激，讓孩子理解一些抽象概念，例如生命、成長、凋謝及轉變等，園藝種植是一項很好的親子活動，父母可以和幼童一起做簡單的園藝活動，例如種植小盆栽；比較年長的孩子，則可以安排一些工序較複雜的活動，鼓勵他們主動設計和做決定，更可以參與一些戶外種植。

生命之始——播種

我們常吃的多種蔬果，例如三色椒、番茄、柚子和橙等，都藏着很多種子。記得工作上遇到一位婆婆曾經分享，她將木瓜的種子隨手撒在泥地上，便會自然地長出幼苗。我於是買來一個木瓜，留下它的種子栽種在盆子裏，它果然長出幼苗！我將幼苗種在機構的花園，數月後它成長為一棵木瓜樹，並長出木瓜，帶給我滿滿的成功感。家長可以和孩子一起剝下蔬果的種子，一邊收集種子，一邊交談互動。將種子清洗乾淨，栽種在小盆裏，變成種子森林小盆栽；也可以將風乾的種子，作種子畫之用。

南瓜生長不久即「抽苔」出現花苞，其實是生長不良

有一回發現一些收集得來的南瓜種子，有數粒已經長出小芽。於是將它們種在小盆內，放在家中窗台。它慢慢生長，不久更長出花苞，但可惜未能開花結果就枯萎了。

南瓜的生長條件是需要充足陽光，適宜種植於戶外，而室內的窗台並不是理想的環境，所以這盆南瓜很快便出現「抽苔」的情況，想早點開花來繁殖下一代，完成生命周期，可惜沒有成功。

我曾經在園藝治療小組和小學生在校園一起栽種迷你南瓜，經過組員數個月的悉心照顧，迷你南瓜成功豐收了，於是我們將迷你南瓜風乾，並用作佈置校園。植物需要在合適的地方生長，孩子也需要因應他們的興趣和潛能去發展，兩者同樣體現凡事不能勉強的道理。

小學生栽種的迷你南瓜

以下是一些很適合親子一起做的活動。

種子森林小盆栽

栽種方法與一般播種方法相似，加泥土至花盆邊緣下十五毫米，將收集的種子平均擺放在泥面，直至完全覆蓋，再加添薄泥，澆水便可。大約二至三周，種子便會陸續發芽。

柚子種子

香橙種子

種子森林常用生長較慢的蔬果種子，密集播種成小森林，作為一種觀賞性盆栽。

雪梨種子

芽苗菜

我們除了可以用收集種子製作種子森林盆栽，也可以購買一些芽苗菜（Microgreens）種子，栽種方法與上述一樣。芽苗菜指一些蔬菜在最初只有數片葉的幼苗，除了一些茄科植物（如茄子、番茄、薯仔、辣椒等）的幼苗不適合食用之外，多數蔬菜的芽苗菜都適合食用。芽苗菜生長茂密得像森林，可以觀賞之外，我們也可以將成熟的芽苗菜剪下，生食或烹調食用。親自栽種的蔬菜，特別美味可口，小朋友可以將它製成芽苗菜熱狗或芽苗菜芝士火腿三文治，不知不覺地將自家種植的蔬菜加入食譜中。

芽苗菜

播種新體驗——袋子裏種豌豆

和兒童一起播種，是有趣的經歷。由於種子被泥土遮蓋，看不見種子生長的情況，當發現沒有小苗的迹象，有些兒童會非常着急，甚至挖開泥土，看看種子是不是仍然在泥土裏。

種子發芽的模型

這是不是正確的做法呢？當然不是！如果種子仍然在泥土裏，只是未發芽或者嫩芽未露出泥面，這樣做可能會傷害種子，影響種子生長。

如何讓小朋友清楚地觀察種子的成長過程呢？我們可以：

1. 展示一些種子發芽的樣本或相片。
2. 和小朋友一起做一個了解發芽的實驗，就是在袋子裏播種，非常有趣，而且容易成功。

種子發芽

材料

- 厚紙巾數張
- 密實袋一個
- 豌豆種子數粒
- 釘書機一個

步驟

1. 將數張紙巾疊在一起加水弄濕，放進密實袋裏。
2. 在袋子大約一半處，用釘書機釘出一排釘書釘。
3. 將一些豌豆放入袋子中。釘書釘可以使豌豆保持在正確的位置，以便有足夠空間讓根部生長及發芽。
4. 將袋子夾在衣架上，把它掛在牆壁或窗戶上。
5. 適時加水保持紙巾濕潤。
6. 當豆苗不斷長高，便需要將它移種在盆子裏，讓它繼續生長。

豌豆成長日記

將四粒豌豆放入袋子中，把它掛在窗旁，靜待它們的成長。

- 五天後，小根出現，葉子開始從種子皮中露出來。

- 八天後，小豆苗長高了，根也長長了。

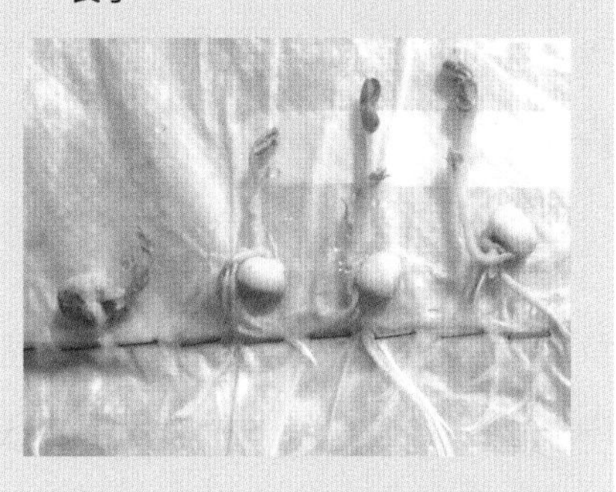

- 十三天後，真葉出現，根莖部繼續生長，快要衝破袋子了！

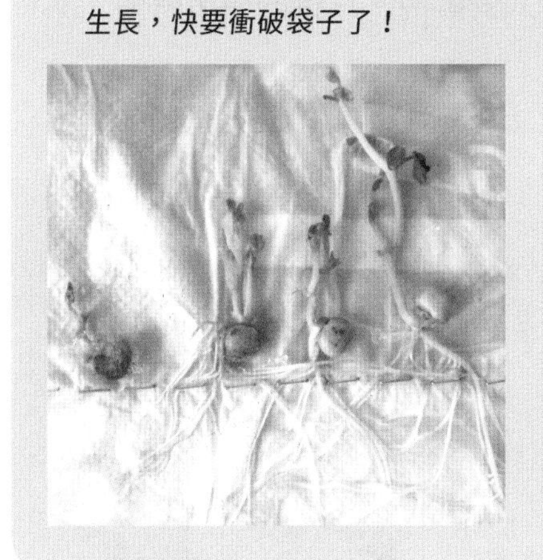

- 第十五天，齊齊搬新家！

親子苔球

在家中，可以擺放一些室內種植的小盆栽，植物的選擇條件是容易生長、簡單照顧、少蟲害，適合的植物有許多，例如紅、白網紋、袖珍椰子和到手香等。另外，小朋友喜歡一些名稱特別的植物，例如捕蠅草、豬籠草、朱古力薄荷等。這些植物不僅可以美化家居，亦可增加親子之間的互動和溝通，家長和小朋友一起澆水、修剪、施肥。除了盆栽種植，製作苔球也是新穎有趣的種植活動，很多小朋友都會喜歡。

苔球是日式盆景藝術的一種，日文名字為苔玉（Kokedama），意思就是「苔蘚球」。苔球歷史悠久，據說起源於日本江戶年代，其中一個說法是當時一些農民因為沒錢購買花盆，於是把植物的根部用苔蘚包裹起來，造成球狀，然後把它們掛起來觀賞養護。苔球既可作觀賞用，佔用空間又甚少，在日本大受歡迎。其後的明治時期，隨着

大、小苔球

非洲紫羅蘭苔球
（相片由劉潔明提供）

日本家庭日趨西化，人們普遍採納西式裝飾，苔球反而失寵沒落了。然而，時光流轉，近十數年來東風西漸，愈來愈多人希望將大自然帶入家中，日式苔球素樸清雅的外觀無比吸引，所以又在世界多處重新流行起來。

苔球擁有獨特的造型，苔蘚外圍更給人渾然天成的感覺，此外苔蘚保水能力佳，令苔球容易護養。有別於平常的盆栽作品，製作苔球有一定挑戰性，可以給予人很大的成功感和滿足感。

親子苔球是一項家長可以和小朋友一同參與的活動，他們可以各自製作大苔球和小苔球，然後組合一起。苔球的製作需要一些精細的手部動作，家長可以協助小朋友一起製作，增進親子關係。

材料

- 植物（體積小巧，容易包裹，如網紋草、袖珍椰子等）
- 乾水苔（亦可用新鮮青苔）
- 培養土
- 綑紮物品（魚絲、麻繩、棉繩等）
- 剪刀
- 三至四吋花盆
- 保鮮膠袋
- 匙羹
- 盛器（淺碟）
- 裝飾品（彩石、小擺設等）

事前準備

1. 將足夠乾水苔浸水約十至十五分鐘，使其充分軟化和濕潤，然後瀝去水分。
2. 在培養土加入適量水分，攪拌至有足夠黏性，能夠握成泥團，備用。

步驟（①-⑧相片由譚秀嫻提供）

1. 將一個保鮮膠袋套入花盆內，貼着內壁。

2. 在盆中加入濕潤泥土至一半容量。

3. 輕輕放入植物，再加適量泥土以包裹着根部，以手指稍為壓實。

4 將整個膠袋連泥土抽出，隔着膠袋用雙手搓壓成泥球。

5 將一個新的保鮮膠袋平放於桌上，上面鋪上水苔成一圓形。直徑視苔球大小而定，厚度約兩厘米。

6 小心剝開步驟 4 的膠袋，泥球已成形。

7 把泥球放到水苔上，利用墊着水苔的膠袋，將水苔完全包裹泥球，加力按實至不鬆散。

8 預先剪出足夠長度的線，要足夠繞到六至八個圈（建議寧可稍長，不要過短），將絲線圍繞或交錯重疊綑至水苔球各面，最後打結。

9 將苔球放在碟子上，可加上適量裝飾，即完成。

植物護養

1. 苔球喜歡散射光，忌曝曬。
2. 苔球偏好潮濕，可以不時噴濕苔球表面。
3. 當重量變輕時，就該澆水。一般用浸水法，將苔球整個浸水讓其補充水分。小於手掌一半的小顆苔球只要浸水約三十秒至一分鐘即可，稍大的則浸多一會兒。此法可以確保苔球完全吸收水分，同時將內裏的空氣擠出（可以看到苔球冒泡泡），又可以有新的空氣進來苔球裏。
4. 苔球經過多次浸水之後，可能會漸漸出現苔土剝落的現象，但只要用新苔土重新塑土即可。

小貼士

細紮苔球技巧屬於較高難度，可選擇細紮材料包括魚絲、麻繩、棉繩、棉線等。魚絲好處是遠看不明顯，有助突出苔蘚的外圍，缺點是彈性較大和幼身，如果不擅長精細動作，會難以拿捏，相對來說，棉、麻質線材會較易處理。

輔助

1. 如孩子能力較弱，可考慮用紗網輔助，如圖所示。

2. 加鉤子：父母可預先剪出足夠長度的線並在兩端各繫上以花藝鋁線屈成的叉子（如下左圖），不宜用鐵線以免生銹。綑紮苔球時，將一端插入苔球上方，將繩子以螺旋方式向下一圈一圈圍繞苔球，或以縱橫交錯方式圍繞，在下方插入另一叉子。對能力較弱者來說，這個方法較為容易及繞線分布較工整。

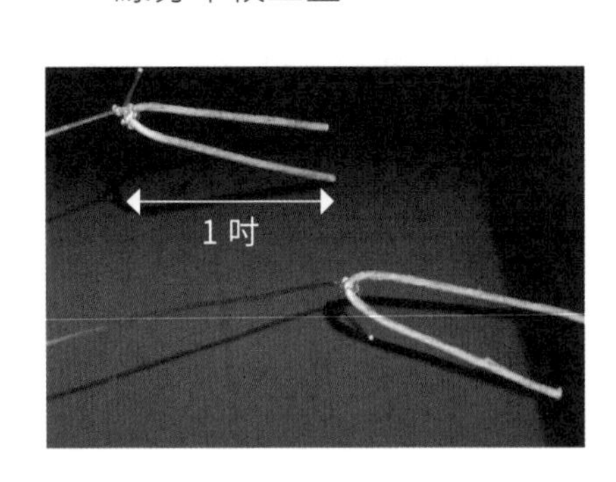

不一樣的種子畫

深淺顏色各異的種子，形狀五花八門，可以讓我們發揮無限的想像空間和創意。我喜歡將親自收集的種子清洗乾淨，風乾後拼貼成種子畫和掛飾。我也喜愛將種子放進玻璃瓶，製作成為獨一無二的種子瓶：

猜一猜瓶中有什麼種子？
（答案在本章末。）

猜一猜畫中有什麼種子？
（提示：小的種子有六種，
大的種子有五種，答案在本章末。）

不一樣的種子畫

種子掛飾

園藝治療師的分享

園藝治療師其中一項重要的任務是選擇合適的植物和介入媒體。首先要考慮治療方案的目標，繼而決定治療方案活動的「劑量」，以種子畫來說，劑量就是如何獲得種子？在帶領園藝治療項目時，我不會購買一般烹調用的現成種子，好像紅豆、綠豆或眉豆等等，而會鼓勵參加者親自收集種子。

治療劑量的層次：(劑量或層次愈高，表示服務對象的參與愈多。)

參加者親自播種，照顧植物，體驗植物的生命周期，在開花結果後收集種子。

參加者親自移種及照顧小苗成長，直至它開花結果後，收集種子。

參加者親自照顧已成長的植物，在它開花結果後，採收種子。

參加者親自採收種子莢或果實，之後收集種子。

治療師提供蔬果種子莢或果實，讓參加者親自收集種子。

愛意傳播——「急性子」

除了蔬果的種子，也可以收集花卉的種子，洋鳳仙（Impatiens）就是不錯的選擇。當鳳仙花凋謝時，花蕊便會膨脹成為蒴果，蒴果成熟時便會爆破，彈出種子，果莢皮會隨即捲起來，貌似一條小毛蟲，很是可愛。我們可以和孩子一起找尋一些成熟的鳳仙花蒴果，摘下來，放在掌中輕輕一握，感受種子「心急」爆出來的一刻。更可以製作一個別緻的種子袋（Seed envelope），放入種子，贈送他人，將愛意分享。種子袋是以園藝圖案裝飾的信封，用以保存種子供日後播種。可以自行設計圖案或從網上找到信封圖樣。做成袋子後，將風乾的種子先放入袖珍密實袋以防潮，再放入種子袋，在袋面寫上製作日期和建議使用期限便成。

種子袋

鳳仙花蒴果

大自然的藝術——水黃皮

每逢深秋，水黃皮樹（Indian beech）的花凋謝後會結出莢果，青綠彎彎的莢果包着數粒種子，掛滿樹上，當葉子飄落，樹上剩下一串串的啡色莢果，讓人深感秋天的淒美。隨着天氣漸冷，莢果慢慢掉落，灑滿在樹旁的泥土。有一次我好奇地拾起一粒莢果細看，輕輕將它一搖，聽到它發出清脆的聲音。於是再拾起一些莢果搖晃。是不是所有水黃皮莢果都會發出聲音？我發現不是呢！我還聞到一陣陣奇特的香味飄來，令人精神為之一振。

水黃皮樹莢果

青色和啡色的水黃皮樹莢果

我曾經在公園內一棵水黃皮樹下，看見一位母親和一對小兄弟在樹下執拾莢果。兄弟倆很熟練地將莢果搖晃，聽聽會不會發出聲音，然後將會發聲的莢果放入透明膠袋內，再將膠袋打結。然後小兄弟和母親一邊唱兒歌，一邊搖動這「大自然搖鈴」作伴奏，我也跟隨着節拍悄悄哼歌。

大自然搖鈴

材料

- 水黃皮莢果數粒
- 錐子
- 塑膠彩
- 繩子
- 水彩筆

步驟

1. 將水黃皮莢果清洗乾淨，風乾。
2. 在莢果的一端，用錐子鑽出一個小孔。
3. 在莢果上以塑膠彩塗上顏色，或畫上喜愛的圖案。
4. 將數粒鑽了小孔的莢果用繩子串起來。

   一個獨一無二的「大自然搖鈴」便完成了。

大自然掛飾

材料

- 水黃皮莢果數粒
- 塑膠彩
- 水彩筆
- 錐子
- 繩子
- 樹枝或木棒

步驟

1 - 3 重複「大自然搖鈴」第 1 至 3 步。

4 用繩子將每粒莢果獨自串起來。

5 將每粒莢果綁在樹枝或木棒上。

6 除了水黃皮莢果，
也可以添加一些其他的種子，
一個美麗的「大自然掛飾」便完成了。

猜一猜：
「大自然掛飾」
中是什麼種子？
（答案在本章末。）

松果聖誕樹

松樹的品種繁多，葉的形狀像針，果子呈螺旋狀，細細薄薄的種子就藏在果瓣裏。記起在加拿大旅遊時，我看到不同品種的松樹，松果形狀也五花八門。

不同形狀的松果

在聖誕節，西方人喜歡將松果塗上顏色或金粉，作聖誕樹吊飾之用。松果也是一種常用的聖誕手工藝材料，例如將數粒松果黏貼後，疊起來，一棵「松果聖誕樹」便出現在眼前。

松果聖誕樹

材料

- 松果八粒
- 膠水
- 圓紙筒
- 小木條
- 裝飾物

步驟

1. 將四粒松果用膠水黏在一起，作為聖誕樹的底層。
2. 將三粒松果用膠水黏在一起，再用膠水黏在底層的松果上，成為第二層。
3. 將一粒松果用膠水黏在第二層的松果上，聖誕樹的形狀便出現了。
4. 用膠水將小木條或小枝條貼在圓筒外層，用作盛載聖誕樹的盆子。也可以用雙面膠紙代替膠水，將雙面膠紙貼在圓筒外層，再貼上小木條或小枝條。小木條可以在書局買到，也可以用竹牙籤代替。
5. 一起發揮無限創意，加上裝飾物，一棵美麗的松果聖誕樹便完成了。

親子活動的秘訣

在兒童的園藝治療小組首次聚會，我都會問他們喜歡種什麼植物，曾經有幾個小朋友不約而同地回答：「食人花！」

世上究竟有沒有食人花呢？我也不清楚，於是我邀小朋友一起找尋食人花的資料，下星期再分享和討論。我們當然沒有找到食人花，但是在小組上，我和小朋友一起栽種豬籠草，它也可以吃昆蟲呢！

親子活動的秘訣

1. 創造有趣的活動，激發孩子的好奇心，並產生奇妙及喜悅感覺。
2. 家長和孩子一起參與活動，培養孩子的自信心和責任感。
3. 鼓勵孩子坦誠表達自己的想法和感受。
4. 家長不需要對一切事情都有答案，最重要的是樂於與孩子一起找尋答案。
5. 注意從事園藝活動的安全性：
   - 避免使用有毒的植物，最必須是觸摸無毒。
   - 注意皮膚問題、是否有傷口、對植物的過敏反應、濕疹等。
   - 選擇合適的園藝工具，注意利器的潛在風險。
   - 適時休息和補水。
   - 避免在高溫或嚴寒的天氣進行戶外活動。
   - 穿著合適衣服和鞋履。
   - 避免蚊蟲叮咬。

6 兒童喜愛的植物：許多孩子喜歡微型、巨大、鮮豔顏色的、奇形怪狀的植物。

- 微型的植物，例如：迷你南瓜、BB 胡蘿蔔等。
- 巨型的植物，例如：「牛排番茄」、大南瓜等。

顏色鮮豔的親子手套也是吸引兒童的點子

猜一猜答案

1. 「種子瓶」答案

大瓶：(由上至下) 木麻黃、硬枝黃蟬、蓮子、水黃皮、南瓜

小瓶：(由上至下) 木麻黃、大葉紫薇、南瓜、蘋果、雪梨、三色椒

2. 「不一樣的種子畫」答案

3. 「大自然掛飾」答案

(由左至右) 大葉紫薇種子、水黃皮、水黃皮、盾柱木、耳果相思

盾柱木種子

盾柱木種子

我每天路過居所樓下的幾棵大樹，但從來沒有留意它的品種。有一次颱風過後，其中一棵大樹下灑滿啡色的種子莢，我好奇地拾起來一片種子莢，發現它表面有一些條紋，漂亮得有如是工匠精心刻上。我輕輕搖晃種子莢，發現莢果內的種子發出清脆的聲音。再抬頭細看這株大樹，它陪伴了我二十多年，我居然沒有發覺它擁有那麼美麗的種子。這次經驗讓我深刻體會到，我們常常忽略了身邊的美好事物，因此，讓我們放慢步伐，欣賞和珍惜身邊的一切！正如辛棄疾在《青玉案・元夕》中所說：「眾裏尋他千百度，驀然回首，那人卻在，燈火闌珊處。」

參考資料

1. 馮婉儀（2014）。園藝治療——種出身心好健康。香港：明窗出版社
2. Louv, Richard（2005）. *Last Child in the Woods: Saving Our Children from Nature-deficit Disorder*. Chapel Hill, N.C. : Algonquin Books of Chapel Hill.
3. Fionna Hill（2010）. *Microgreens: How to Grow Nature's Own Superfood*. New York: Firefly Books Limited.
4. KOKEDAMA, *Japan's Natural Plant Pot*, 2024 年 2 月 12 日擷取自 https://www.spiritjapan.com/blogs/ninja-scrolls-%E6%9C%AC/what-are-kokedama-moss-balls

第 4 章

園藝治療與生命教育應用

園藝治療可以應用於不同年齡、不同背景及不同能力的服務對象，如兒童、青年、長者、復康服務使用者、戒毒者等。園藝治療師不只擁有園藝治療專業訓練，而且懂得園藝實務技巧，能因應參加者不同的能力和需要，設計合適的治療計劃，安排園藝活動，達到治療效果。園藝治療的介入媒體是有生命的植物，擁有其生命周期，花開花謝的循環，所以園藝治療項目必定包含種植活動，需要人悉心及耐心照顧植物，從過程中獲得啟發，期望以生命影響生命。下表列出了園藝治療的組成要素：

園藝治療的組成要素

項目	內容
工作人員	園藝治療師
參加者	已確定需要服務的疾病或生活狀況，例如面對高壓力的照顧者
治療計劃	必須有清晰明確的活動方案，並以文字表達，其中包含治療目標、詳細活動流程與物資、效益評估方法等
參加者評估	了解其能力和需要
目標	已定治療計劃中的具體目標
活動	園藝活動：種植活動及與植物相關的活動
過程	持續的治療活動
記錄	必須
成效測量和評估	必須

園藝治療以人為本

園藝治療是一種以人為本的治療方法，着重參加者在過程中的參與度和感受。對於不同的服務對象，即使是相同的園藝治療活動，它的治療目標和治療計劃可能有所不同，而且治療師帶領的方法也不一樣，以下以「組合盆栽」為例子。

「組合盆栽」是指在同一容器中種植不同的植物，以達到豐富多采，和諧美觀之目的。植物外觀特徵上宜有適量對比，例如顏色、大小（高矮肥瘦）、花葉形態。為了照顧方便和安全性，通常選擇生長習性相近，即對光照和水分需求等相近，而且無毒、無尖刺等的植物。

組合盆栽應用於兒童

目標

發揮創意、認識生命周期

重點

1. 讓小朋友自由地構想組合盆栽的佈局，根據各種植物的外觀，考慮主次、焦點、前後、層次、比例、平衡等，而安排位置。
2. 給他們更多植物、花盆、裝飾品的選擇，發揮創意。

工序

1. 小朋友自行選擇花盆植物和裝飾品。
2. 將紗網加在盆底，加入泥土。
3. 依據構想佈局，擺放植物。
4. 添加泥土至「盆頸」位置，
   將泥土稍為壓實，以固定植物。
5. 清理枱面，澆水。
6. 清潔雙手，將裝飾品放在泥面上。
   一盆獨一無二的組合盆栽完成了。

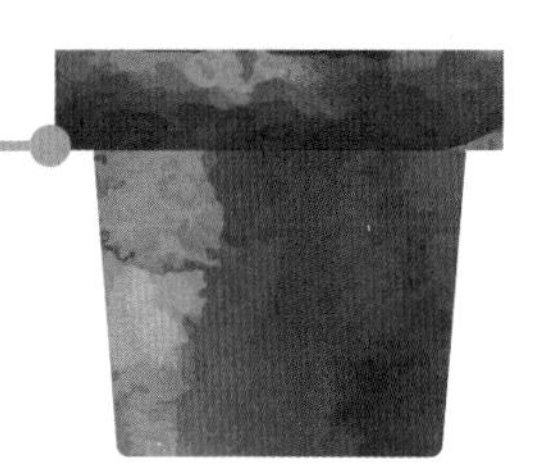

小貼士

1. 讓小朋友於小組初期繁殖植物，例如播種、扦插；小組後期，將繁殖的植物製作組合盆栽。護養繁殖植物時，體驗植物的生命周期，認識生命。
2. 可以撒下小麥草種子在小盆內，當長出小草，可移種於組合盆栽，設計為草地；又可水插紅網紋（右圖），護養至長出根來，移種在組合盆栽。

3. 安排分享時段，鼓勵小朋友分享設計概念、護養經歷和感受。
4. 可安排「功課」—— 植物成長記錄表。

組合盆栽應用於青少年

目標

促進與人相處技巧

重點

1. 在活動中加強社交互動的元素，如分配植物、合作種植、完成作品後分享構思和感受等。
2. 當各種植物製成組合盆栽，會令人產生和諧共融的感覺。組合盆栽就像人們組成群體的環境，在過程中，讓青少年思考和討論人與人相處之道：尊重個人獨特性，與人和諧共處、互相補足、互相欣賞。
3. 組員可以一起繁殖及護養組合盆栽的植物，一起分擔責任，解決難題。

工序

與上述組合盆栽應用於兒童工序相似。

小貼士

迎合青少年的「節奏」，從而提升組員的參與動機和興趣，活動內容也要提供不同的選擇和彈性。

聖誕組合盆栽

組合盆栽應用於認知障礙症人士

目標

認知訓練

重點

透過口頭指示、樣本展示、示範及協助，讓組員跟隨步驟，成功製作組合盆栽。

步驟

1. 治療師派發花盆及紗網，在花盆底鋪上紗網並加泥，令泥土不會從盆底的孔漏出來，亦可示範沒有鋪上紗網而令泥土漏出的情況。
2. 在每人的花盆裏即時畫上標記（右圖），配合口頭指示，清晰顯示加添泥土的高度。組員使用泥土和小泥鏟，將泥土加到標記的高度。

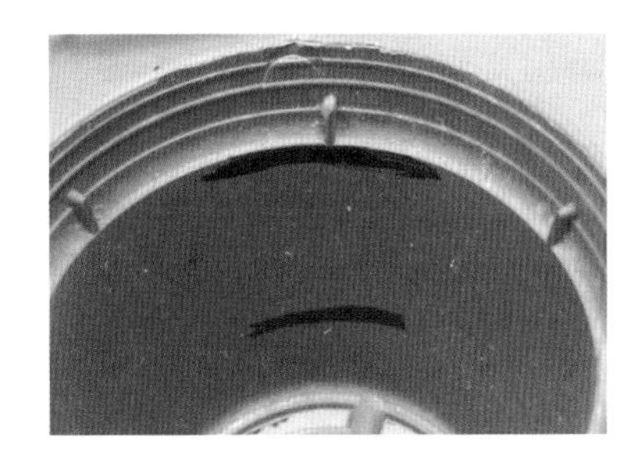

3. 治療師派發富貴竹，指示組員將富貴竹放入花盆的左方；放好之後再派發紅網紋，指示組員將它放在花盆內的右方。
4. 治療師在花盆邊緣下十五毫米的位置畫上標記，組員將泥土添加至標記位置，並將泥土壓實。
5. 治療師收回泥土及小泥鏟，指示組員清理枱面。
6. 將大盆底碟放在花盆底，以免水流到桌面和地上。
7. 淋水時，先拿起水樽，將水慢慢倒進花盆內，直至水從盆底的孔流出。
8. 最後將裝飾品放在泥面上，美麗的組合盆栽完成了。

植物的選擇

完成小組活動後，組員會將組合盆栽帶回家繼續護養，因此植物的選擇非常重要，需要考慮以下幾點：容易栽種和照顧、較少病蟲害、盆栽體積不可過大、適合室內栽種等。以上述例子的植物來說，就有以下好處：

	富貴竹 Lucky Bamboo	紅 / 白網紋 Nerve Plant
容易種植	✔	✔
容易抓握	✔	✔
視覺刺激	✔ 葉邊不同顏色，有金邊、銀邊	✔ 葉呈紅色或白色網紋
觸覺刺激	✔ 葉像紙質	✔ 全株有毛
特點	寓意「大富大貴，竹報平安」	小巧玲瓏，葉脈分明

小貼士

1. 組合盆栽內選兩種植物便足夠，避免過多選擇。
2. 植物的根宜堅實地抓緊泥土，以免移種時，泥土鬆散，難於種植。
3. 每次只做一個步驟。
4. 除口頭指示外，必須示範及利用樣本作實物指示。若有需要，在材料上作標記及提供協助。
5. 指示要簡單清楚，若有需要可重複指示。講解指示的時候，與組員要有眼神接觸。
6. 保持枱面整齊清潔，適時收派物資，使用時才介紹和派發，用完即時取回。

和而不同——「共融組合盆栽」

組合盆栽是否一定要選擇生長習性相近的植物？這是一般的做法，但並非必須。我曾經將肉質植物和觀葉植物栽種在同一個花盆內，由於習性明顯不同，但可以共處一起，故稱之為「共融組合盆栽」，效果不錯，植物生長理想。當中選用了三種植物：

1. 觀葉植物：裂葉福祿桐（Ming aralia），一般稱為日本森樹。
2. 觀葉植物：紅／白網紋（Nerve Plant/Fittonia）
3. 肉質植物：銀手指（Thimble cactus）

觀葉植物一般需水較多，而肉質植物則需水較少。「共融組合盆栽」的製作步驟和一般組合盆栽相似，只是在植物擺放及澆水方面，要花點心思。

植物擺放

1. 依照設計佈局，用膠片將花盆分隔成兩部分，一部分用來擺放需水較多的日本森樹、紅／白網紋，另一部分擺放需水較少的銀手指。

2. 將銀手指的育苗袋修剪至泥面的高度，然後將銀手指連育苗袋擺放在花盆內。

3. 植物擺放妥當後，添加泥土至盆頸位置，將泥土壓實。

4. 加添彩砂和擺放裝飾品，「共融組合盆栽」便完成了。

澆水

依照植物的不同特性及泥土乾濕程度，決定澆水次數和分量。

大自然存在不同植物的品種，它們擁有不同的特徵和習性，但可以互相共融生存在一起，這是大自然的多樣性。

每個人都有各自的獨特性，同樣可以互相尊重，融洽相處，體現和而不同。

植物的生命周期

植物經歷完整的生命周期，包括種子發芽、開花結果和凋謝。透過參與植物的繁殖和護養，參加者可以體驗植物的成長，甚至完整的生命周期。園藝治療常用的植物繁殖活動包括播種、分株和扦插。園藝治療師依照治療的目標和服務對象的情況，設計合適的繁殖活動，讓參加者親身體驗和獲得感悟。

一、播種

一般的室內園藝治療小組，如播種中至大型種子（可輕易以手指拈取者），會採用穴播方式，在花盆內挖約兩至三個穴，每穴放一至三粒種子（視乎種子大小而定），輕輕地撒上泥土覆蓋種子。至於細小如芝麻的種子，則會採用撒播法，將種子混合細砂，均勻撒於泥土面。

戶外耕種較多採用行播（條播），在田畦泥面劃一道道平行的行線，將種子播種於行內，這個方法可以令種子均勻分佈於泥面，對照顧植物和除草也較易。

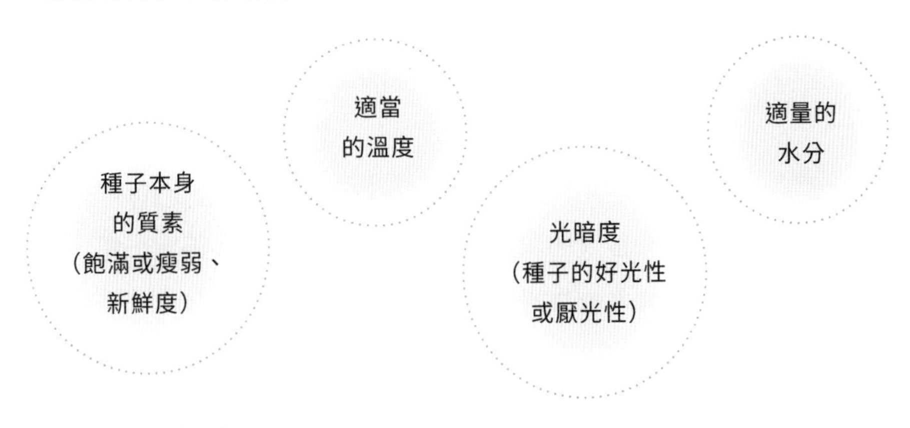

種子發芽的因素

我曾經帶領一個中學生園藝治療小組，旨在提升他們的抵抗逆境能力。其中一節，我準備了不同品種的種子讓他們播種，包括萬壽菊、雞冠花、向日葵和薰衣草，並向他們詳細講解種子的特性和栽種方法，大部分種子都是容易生長，唯獨薰衣草種子挑戰性比較大。

一位女同學迫不及待地選擇她深愛的薰衣草，我再次詳細地向她講解薰衣草的特性和護養方法，考慮到香港位於亞熱帶地區，天氣比較潮濕，薰衣草種子發芽率較低。然而，她依舊選擇播種薰衣草。過了數星期，其他同學的種子已經發芽，但是薰衣草卻沒有發芽的迹象，於是女同學再次嘗試播種薰衣草，期望種子能夠發芽。可惜學期完了，它仍然沒有長出芽苗來。

在一般園藝治療小組，我通常會和組員一起栽種植物或播種，用作示範或後備植物。當時，我也在一個有機農莊播種薰衣草，只有一半的種子發芽並慢慢長出葉來，於是我和女同學分享了農莊播種薰衣草情況，提醒她每粒種子發芽速度不一樣，鼓勵她再接再厲。暑假過後，該女同學再次參加園藝治療小組，表示想再次播種薰衣草。在這新學期，數粒薰衣草種子終於發芽了，女同學非常開心，她的堅持有成果了！青少年成長是需要時間和耐心陪伴。園藝治療讓他們在一個無威脅的環境探索生命。

播種法是一個從無到有的過程，它可以引起盼望和耐心等待，種植成功會為人們帶來很大的滿足感，然則發芽也受許多因素影響，不易有保證。所以園藝治療也經常使用現成的植物，通過分株或扦插來「開枝散葉」。

薰衣草給人浪漫感覺

二、分株法

分株法是一種將已具備根、莖、葉的植株從母株分出栽種的方法，一般適用於一些沒有主幹、叢生的草本植物，由於子株已擁有植物的必要器官，故成活率高。然而，分株法對某些服務對象來說挑戰性較大，需要將植物從盆中取出（脫盆），運用雙手抓握泥膽，並以手指分開植物，才獲得子株。其後，如果發現子株有生長不良的枝葉或根鬚，需要先修剪掉，然後在花盆底部放置小量的土壤，放入植株，加添泥土至盆頸位，並輕輕按壓泥土固定植物，種植後澆水。

在園藝治療活動中，治療師經常和參加者將植物分成數株，互相分享植株，用作栽種、製作苔球或組合盆栽等。分株時也會看到植物隱藏於泥土裏的情況，聽到根鬚斷裂的聲音，無論是視覺、聽覺、觸覺與心理上都滿載未知，令人充滿好奇和探索的興致。分株更可以讓人體驗尊重和愛惜生命，因為我們要專心、輕柔對待植物，否則會將植物的根部過度撕斷。

三、扦插法

扦插法的操作相對分株法簡單，只需剪出植物適當部位，重新插入新泥中，而且一般人學習後也容易自行實踐，所以是許多園藝治療小組常見的方法。扦插法當中最常用的是「頂芽扦插」，就是在植株頂端向下剪一小段植物（插穗），約長十至十五厘米，帶三至四對葉。在花盆底加紗網，加泥土。剪去插穗底部一至兩對葉產生「節點」（Node），會成為日後長根的「生長點」。用木棒、筷子或手指

在泥面插洞，將插穗插入洞中，確保插入泥土的插穗包含剪葉形成的節點，泥土中之節點會長出根來。用手指輕按泥土，以固定插穗。扦插後，立即澆水，放置陰涼處，避免直射陽光。待植株長根後（一般預算一星期），移至光線充足而有日照的位置。

除了用泥土扦插外，也可以採用水培方式。每位組員獲派發透明膠杯連蓋一套，在杯蓋剪下小孔，將插穗插入杯蓋小孔。在杯底，可加上彩色玻璃珠或彩繪石頭，固定插穗和裝飾，再加水栽種。

扦插法看似較分株法容易，但因為最初沒有根部，故存活率較低，插穗要長出根來，才算成功呢！怎樣知道是否已生根？輕輕提起植株，若感覺泥土抓緊，或觀察到插穗有長高及長出新葉，那麼便證明它的根生長了。

泥土扦插

玻璃珠和彩繪石頭

水培扦插

治療師分享

無法逆轉的決定

在帶領不同的園藝治療活動中，我認為難度較大的是扦插。我曾經多次在青年的園藝治療小組發現組員在剪插穗時猶豫不決，需要治療師鼓勵和支持，細問之下，他們表示很難作出決定：應該剪哪一株植物、在哪個位置剪下去？因為剪插穗是不可能逆轉的，插穗不可能再次連接母株，只能種入泥土獨自生存下去。所以，在一些青年成長小組，我會特別採用扦插植物，讓參加者體會如何做決策並引起反思。

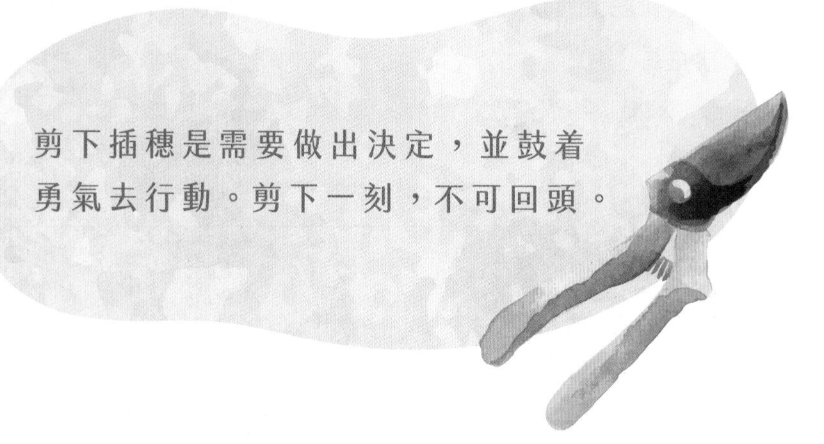

人生充滿着不同的抉擇。有些就像扦插一樣，不可從頭來過，所以做重要決定時必須謹慎和細心。然則，萬一選錯了插穗或剪錯了位置，雖有損失，通常仍可以再選另一株 —— 人生也一樣，很少一子錯就是窮途，只要肯用心探求，總會有新出路！

此外，扦插時也可以反思插穗和母株的關係：小心剪下所需要的插穗，不要傷害母株的生長；尊重生命，取之有道。

若要帶領小朋友和認知障礙症人士進行扦插活動，先得評估他們的能力，因應他們的個別情況，而「度身」構思工序，讓他們能夠親自剪下插穗栽種。方法包括：

1. 在合適剪下的位置，用麥克筆畫上記號或綁上繩子（右圖上），讓參加者在標記底端的位置剪下插穗。
2. 數葉子：由枝莖頂（由上至下）數六塊葉子，在底端的位置剪下去。
3. 自製量度尺：利用卡紙作為量度尺（右圖下），或依預計插穗的長度剪出同等長度的飲管，將量度尺放在枝莖頂端，在量度尺底端的位置剪下插穗。

治療計劃着重延續性

園藝治療的精髓在於人與植物的接觸和建立關係，治療計劃須着重延續性，讓參加者參與繁殖及護養植物的活動，體驗植物的生長，分享植物生長情況及感受。例如，在活動初期可以撒播蔬菜種子，當長出菜苗，將它移種在田畦，繼續用心照顧，期望蔬菜茁壯生長，直至採收。另外，可以將植物扦插或分株，在小組持續照顧，或安排帶回家照顧，直至植株成長，然後用來製作組合盆栽，還可以將它們栽種在戶外，佈置庭園。

期盼之始——繁殖

幼芽破土而出，枝莖長出根來，給予人無限期盼，也帶來無限挑戰。在帶領小朋友及長者的園藝治療小組時，我喜歡採用水插法來繁殖植物，剪下植物一小段，插在透明有蓋膠杯裏，加水護養，直至長出根來，組員能夠觀察整個生根的過程，從而認識生命的誕生。

水插法繁殖植物

這裏列出三種常見繁殖活動的成效指標：

	成活率	體驗 再接再厲	促進 解難能力	促進 決策能力
播種	✔✔	✔✔✔	✔✔	✔
扦插	✔	✔✔✔	✔✔✔	✔✔✔
分株	✔✔✔	✔	✔	✔✔

程度指標：高程度✔✔✔ 中程度✔✔ 低程度✔

種植情況不理想，尋找原因，
想法補救，都是解難啊！

生命的法則

生命教育旨在教導人們怎樣面對人生不同階段的困難和挑戰，我們可以從繁殖植物的過程中，學習解難、學習失敗後再接再厲等。而到了人生的最終階段——面對死亡，我們同樣可以從植物中得到啟發，在栽種的過程中，體會植物的生命循環。花開結果，種子撒落土地，然後長出嫩芽；枯枝、枯葉埋在泥土，滋潤大地。人和植物的生命周期相似，年華老去是無可避免的。以植物及園藝為介入點，讓參加者在自然、無威脅的環境下，緩減恐懼和傷感，分享生與死的話題，接受生命的法則。

「我的美麗小花園」園藝治療小組

目標

1. 提升自我效能感及成功感
2. 促進組員自我表達能力

服務對象

十二人，中二至中三學生

內容

小組安排植物繁殖活動，包括播種小麥草、扦插彩葉草、鳳仙花及胡椒薄荷。每次小組聚會，組員會跟進和照顧繁殖的植物。若種子未能發芽，會再次播種；若果扦插失敗，會剪下新的插穗，再次扦插，再接再厲。另外會替植物修剪、施肥、防治病蟲等。

治療師鼓勵組員在上學日小息時照顧植物，定時澆水。在最後一次聚會，將扦插植物製作「我的美麗小花園」（組合盆栽），擺放在學校花園，美化校園。

	彩葉草	鳳仙花	胡椒薄荷	小麥草
第一節	-	-	-	-
第二節	扦插	扦插	扦插	-
第三節				-
第四節				-
第五節	植物照顧	植物照顧	植物照顧	播種
第六節				植物照顧
第七節				
第八節	製作「我的美麗小花園」			

組員在第一節和第八節填寫「一般自我效能感量表」(General Self-Efficacy Scale),作為前測及後測。前、後測結果反映,園藝治療小組對組員有着正面的效果。

組員心聲分享

「我覺得學習到突破自己,挑戰自己,原本害怕扦插失敗,但最後成功了!」

「我覺得栽種活動很好,令人開心,有成功感和滿足感。」

「經過這次園藝活動，我學習了不同種花和種菜的技術，例如：扦插及播種子。等待它們開花、發芽的時間，真的令人期待。」

剪下彩葉草插穗

扦插彩葉草

將扦插植物製作組合盆栽

「我的美麗小花園」

蛻變之美——鮮花、乾花、壓花

鮮花盛放時色彩燦爛，讓人情緒歡愉。插鮮花是園藝治療小組其中一項受歡迎的活動，參加者可以製作鮮花籃、鮮花束、鮮花小盆栽等。曾經被問及：「男性參加者會否抗拒插花呢？」老實說，我未曾遇到男性組員拒絕插鮮花，反而在分享環節，部分男組員表示這是他的第一次插花體驗，他會將製成品送給摯愛，讓她感受驚喜和愛意。

一、插鮮花

透過插鮮花活動，可達到不同的治療目標，例如：提升自信心和成功感、正向情緒、感官刺激、發揮創意、小肌肉訓練、認知訓練等。

材料

- 花盆
- 三至四盆花卉
- 膠刀
- 濕花泥
- 三至四種切花

步驟

1. 依照花盆的大小，裁切濕花泥。
2. 將裁切妥當的濕花泥放入花盆。
3. 在腦海設計鮮花盆栽的造型。
4. 剪下所需主花和襯花。
5. 依照設計佈局插花。

濕花泥（Wet floral foam）是一種常用花藝材料，吸水後可以插鮮花，花材固定在花泥中便不會移動，方便創作者設計各種造型，完成作品後，適時補充水分便可以。

小貼士

1. 宜選用無孔的花盆，否則要另外加上鮮花包裝膠紙，包住花泥以防水分流出。
2. 如果康乃馨花朵沒有全開，當中有含苞待放的花朵，也有方法可以令它們早點開花。可以輕揉花瓣（注意不要太大力），花瓣便會慢慢張開，令花兒燦爛地盛放。這動作提供感官刺激和小肌肉訓練，讓人探索生命的轉變。

鮮花盆栽

3. 除了盆花和切花，也可以讓參加者攜着花籃，在徵求機構負責人的同意後，採摘庭園中的植物作插花用。參加者需要事前構思佈局，依照設計採摘花葉，以免浪費植物，是學習抉擇的好機會。請注意不能採摘一般公園中的植物。
4. 安全措施：裁切花泥宜使用膠刀。
5. 切割濕花泥：若果組員未能將濕花泥切成花盆形狀，治療師可依花盆形狀在花泥上畫上裁切指示線，讓組員依照指示線切出花盆形狀的濕花泥。
   - 若組員未能獨立裁切濕花泥，可以將已切割妥當的濕花泥給組員，讓組員放進花盆內插花用。
   - 若果組員能力欠佳，可以將已放好濕花泥的花盆給組員，直接插花用。
6. 乾花盆栽（右圖）和鮮花盆栽做法一樣，只是材料由鮮花轉為乾花。這情況使用有孔或無孔的花盆都可以。

乾花盆栽

鮮花很豔麗，但它的保存期很短，通常只能擺放數天至一星期，便會凋謝，這是它的生命周期。若果將鮮花製作成壓花和乾花，不只可以保存其燦爛美態，更加可以擺放更長時間。

鮮花、乾花和壓花是園藝治療常用的素材，它們是植物的不同形態，鮮花和乾花是以立體的角度觀賞，而壓花（壓平的乾花葉）則是以平面的角度呈現花朵的美麗。

設計園藝治療計劃時，我常會在插鮮花的活動中添加製作乾花和壓花，以便在小組後期，將這些乾花和壓花製造相關工藝品，讓參加者以不同的角度去觀賞和感受它們的美。

我在減壓小組也常採用壓花活動，因為壓花是將鮮花乾燥並加上適度的壓力（Pressure）壓成平面，轉變為另一種美態。同理，適度的壓力（Stress）同樣可以作為推動力，有助於實現人生中的不同目標，而且壓力的存在與否，個人的態度和看法是很重要的因素。

在日常生活中，嘗試以不同角度去了解人和事，如實認清環境，困難和問題也許能夠迎刃而解，海闊天空，豁然開朗。

二、乾花和壓花

在園藝治療當中，乾花和壓花有多樣化的應用：相架、禮物盒、祝福卡、書籤、木製標示牌等。園藝治療師會依照參加者的能力和治療目標，設計相關活動，達到治療效果。一般採用簡單的製作方法和材料，讓參加者日後可自行創作。

複羽葉欒樹

散步海濱公園是我的日常習慣，公園栽種不同品種的樹木，我經常駐足在一棵「不知名」的樹下，欣賞它的花和果實。每年夏天，樹冠長滿鮮黃花朵，好像掛滿黃金，閃閃生光。花兒凋謝後，又長出淡紫紅色的果實，它會漸漸變紅，成熟時就轉成啡色，樹冠好像掛滿小燈籠。秋冬時，葉子會由綠色漸漸變成黃色。隨着季節變更而換上新衣裳。

樹冠好像掛滿小燈籠

掉在地上的蒴果

它的名稱是什麼呢？原來是複羽葉欒樹（Chinese flame tree）。我特別喜歡它的果實，蒴果形狀圓滾滾像燈籠，內藏有種子。細心一看，蒴果果瓣薄似紙質，網狀脈紋，非常雅致，適合製成壓花。

壓製蒴果果瓣

用蒴果製作乾花畫

鳳尾雞冠花

鳳尾雞冠花

鳳尾雞冠花（Plumed cockscomb）容易照顧，顏色鮮豔，形態獨特，花朵呈羽毛狀，種子非常細小，藏於花的胞果內。它的每一個生長階段都可以應用在園藝治療活動中，由播種開始、移種花苗、生長期的照顧、插花、製作壓花、採收種子、收集枯枝用作堆肥等。在校園或機構庭園栽種雞冠花，參加者可以恆常照顧植物，也可以剪下作為切花，插在花瓶或作花藝設計。雞冠花的種子比芝麻還要細小，漆黑且有光澤。我曾經以採收雞冠花種子作為提升小學生專注力的活動。學生一起在庭園採摘已凋謝的雞冠花，之後將胞果打開，採收種子留作翌年播種之用。大家非常專注地坐着採收種子長達四十分鐘，還意猶未盡呢！

鳳尾雞冠花是「一年生」的時花，花謝後就會整株枯萎。我曾經趁着雞冠花盛放時，剪下一些作切花用，另外將一些整理後，平鋪在吸水畫紙上，再以壓花板夾起，製作壓花。盆裏的雞冠花很快便凋謝，變成啡褐色，幸好在花兒燦爛的時刻，採摘壓製成壓花，保留它的美麗。由於花的形狀是圓錐體，壓製時間比較長，需要耐心等待。當打開壓花板的一刻，漂亮的壓花呈現眼前，讓我深深體會付出、等待和獲得成果的喜悅。腦海浮現出一首詩：「花開堪折直須折，莫待無花空折枝。」活在當下，學習欣賞和珍惜生命！

鳳尾雞冠花壓花書籤

壓花

壓花是將花葉擠壓，排出水分，保持花的原色和形態。

簕杜鵑和壓花

以下介紹園藝治療小組上較容易使用的一些壓花製作方法。

方法一：厚書籍

1. 將花材夾於吸水性良好的厚書籍或印刷品中，可分多層，花與花之間不可重疊，亦不宜太擠逼。
2. 將厚書簿置於重物（如厚書 / 雜誌）之下，約一至兩周可得到壓花。

方法二：吸水紙張

1. 將花材放於吸水紙 (Blotting paper) 或特厚水彩畫紙上，再覆蓋另一張吸水紙或水彩畫紙，可分多層，視乎容器空間而定。
2. 將紙張夾於兩塊瓦通紙 / 硬紙板之間，以橡皮筋或夾子固定。
3. 將壓花置於可以密封的容器（例如密實袋）內，加入適量乾燥劑，密封後放於通爽乾燥處，約一周後可得壓花。

方法三：壓花板

1. 可購買或自製壓花板，自製壓花板需用兩塊夾板（大約 A4 尺寸），在夾板四角鑽孔，加上四粒蝴蝶螺絲，或者用繩子、魔術綁帶綁實壓花板即成。

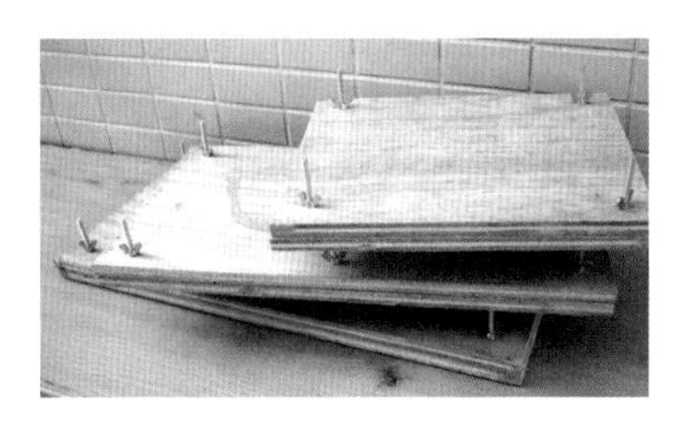

自製壓花板

2. 如方法二，將花材夾於吸水紙 / 水彩畫紙之間，可分多層，再一併夾於兩塊壓花板之內，約一至兩周可得到壓花。

方法四：使用微波爐

可以利用微波爐極速製成壓花，還可以從網上訂購專業的「微波壓花器」。不過，須針對不同花材預先試驗，避免因過高溫度或過長時間而破壞花材。

乾花製作

乾花製作非常簡單，參加者容易跟從步驟和掌握，而且可以將乾花製成不同作品，發揮創意，從中獲得滿足感。

製作方法

首先將新鮮的花葉、香草紮成一小束，倒掛在陰涼處風乾。避免陽光照射，以免導致花葉褪色。

花材選擇

麥桿菊、千日紅、黑種草、滿天星、毋忘我、彩星、薰衣草、尤加利葉、狼尾草、芒萁等。

倒掛毋忘我、彩星

乾花畫和壓花畫

將乾花或壓花黏貼在紙張製成作品，是常見和受歡迎的活動，能夠透過作品表達自我。治療師也可以依照治療目標，訂立設計主題，讓參加者體驗和反思。

乾花 / 壓花相架

材料

- 乾花 / 壓花
- 相架
- 紙張（色紙、再造紙等）
- 相架（乾花畫可選用較厚的相架）
- 膠水（白膠漿、UHU 膠水）
- 剪刀
- 棉花棒 / 牙籤

步驟

1. 首先構思和設計佈局。
2. 將紙張裁剪成相框的大小。
3. 依照佈局將花材用棉花棒或牙籤塗上膠水，黏貼在紙張上。
4. 將作品放進相架中。

乾花相架

可以發揮創意，
用木條或木筷子
自製相架呢！

自製相架

乾花祝福卡

依照佈局將乾花用棉花棒或牙籤塗上膠水，黏貼在祝福卡上。

壓花祝福卡、書籤、杯墊和枱墊

可用透明貼膜黏貼在作品上，或套上過膠片過膠。

壓花祝福卡

壓花書籤

壓花杯墊

將壓花枱墊過膠

壓花枱墊

透明膠杯墊／匙扣

可以將紙張裁剪成杯墊或匙扣的大小，設計作品，將作品放進膠杯墊或匙扣中。

壓花膠杯墊

壓花膠匙扣

乾花禮物盒 / 禮物袋

我會選擇帶領青年小組和家長小組製作乾花禮物盒或禮物袋，促進親子間的溝通。年輕人和他們的家長通常難以親口表達心聲和愛意，乾花禮物盒或禮物袋是一個很自然和輕鬆的方式，讓他們向對方表達情感。除了購買現成的乾花，參加者可以倒掛鮮花，將乾花製作禮物盒或禮物袋，令作品更別具心思和意義。

製作過程非常簡單，只要依照設計構思，將乾花用膠水黏貼在禮物盒或禮物袋表面，也可以在盒子或袋裏黏貼上一些乾花作裝飾。然後，將寫上心聲的祝福卡連同一些小禮物或幸運星放進裏面，就可以送給親友，或者擺放家中作裝飾，給自己無限的祝福。

滿滿的祝福

治療師給參加者的提示：

· 祝福自己：「請想一句祝福自己的句子、表達『我是一位值得愛的人』。」

· 祝福一位親友：「請想一句說話表達你對親友的祝福。」

壓花木製標示牌

在園藝治療小組中，我常常帶領組員設計和製作壓花木製標示牌，用來裝飾組合盆栽，美化庭園。

材料

- 壓花
- 木製標示牌
- 白膠漿 / 膠水
- 剪刀
- 棉花棒 / 牙籤、壓花熱熔膠膜（洞洞膜）
- 熨斗
- 報紙
- 毛巾

步驟

1. 首先構思和設計佈局。
2. 依照佈局，用棉花棒或牙籤將壓花塗上白膠漿或膠水，黏貼到木製標示牌上。
3. 慢慢撕下熱熔膠膜，黏貼在標示牌上，蓋着整個標示牌表面。
4. 將標示牌放在報紙上。
5. 在標示牌表面蓋上毛巾。
6. 用熨斗在毛巾上燙壓（如右圖），令熱熔膠膜永久貼實標示牌。

治療效益

- 令人放慢腳步、靜下來、專注、集中於活動中
- 提供精細動作、手眼協調訓練
- 發揮創意、表達個人審美觀
- 從過程與美麗作品中感受喜悅

壓花木製標示牌

香味飄飄香草包

除了風乾花葉製作乾花，也可以風乾香草，例如：薄荷、迷迭香、香蜂草等，或帶香味的植物部分如果皮，製作香草包。

材料

- 乾黃金菊
- 乾玫瑰
- 乾薄荷葉
- 乾橙皮
- 乾柑皮
- 不織布（十吋至一呎正方形）
- 茶袋
- 絨毛條或絲帶
- 填充物（紙絲、乾花等）
- 祝福卡

步驟

1. 依照個人的香味喜好選擇香包材料（右圖），撕成小塊備用。
2. 將香草混合，放進茶袋，封好。
3. 將茶袋放在不織布上，將填充物放在茶袋周圍，將不織布包起所有材料，用絲帶或絨毛條捆綁成小包袱模樣。
4. 留意絨毛條的鐵線頭可能會扎手，或需事先處理。
5. 綁上祝福卡，自用或送贈親友。
6. 將香草包倒掛，貼上一對小眼睛，再掛起來，香草包搖身一變，變成「香草晴天娃娃」。

香味飄飄香草包

治療效益

感官刺激、發揮創意、小肌肉訓練及認知訓練等。

反思和感悟

修剪時剪下的香草葉、吃柑橘類水果時剝出的果皮，一般會把它棄掉，但把它們風乾，就可轉化成有用之物。將喜歡的乾香草、乾果皮撕碎，混在一起，製造香草包，散發餘香。可以藉此活動，有技巧地點出每一樣東西、每一種經驗、每一個人都有其價值。體驗尊重生命，共融世界。將香草包和祝福送贈親友，手留餘香。

> *「花園是出色的老師。它教導我們耐心和細心的警覺性；它教導我們勤奮和節儉；最重要的是，它教導我們完全的信任。」*
>
> *"A garden is a grand teacher. It teaches patience and careful watchfulness; it teaches industry and thrift; above all it teaches entire trust."*

——英國女園藝師及園林設計師
格特魯德·傑克爾
(Gertrude Jekyll)

參考資料

1. 馮婉儀（2014）。園藝治療——種出身心好健康。香港：明窗出版社
2. The Old Farmer's Almanac: *The Gift of Gardening*（2018）. South Portland, ME: Sellers Publishing, Inc.
3. Gertrude Jekyll，2024 年 2 月 16 日擷取自 https://www.azquotes.com/author/7396-Gertrude_Jekyll

第5章

大自然的心理治療法則

DEN

「我本來傾向於選擇苔蘚，因為它的質地柔軟，但當我問自己什麼真正令我有共鳴時，我決定拿起樹枝，因為它擁有的是堅強的本質。」

——心理治療小組組員的分享

園藝治療是透過園藝治療師帶領個案參與園藝活動，以獲得身心社靈的益處，活動在當中扮演非常重要的角色。當園藝治療應用於生命教育，治療師會通過園藝活動引導案主對生命作出各種探索和反思。心理治療的目的也是改善受助者的心理健康，減輕精神疾病徵狀。廣義而言，接受心理治療的案主也是在參與一種生命教育，只是傳統的心理治療，基本上都是治療師與案主通過會面和對話溝通而建

立關係，並協助案主探索自我和改變想法、行為等等，甚少涉及植物的運用和動手做活動。那麼，我們是否可以將園藝治療的元素引入心理治療中呢？

傳統的心理治療是以對話治療（Talk therapy）為主，這是一個案主與治療師之間的協作過程，治療師在其中會協助和引導案主進一步理解和重新構建他們當前關於自己或所面對處境的敘述。在心理學和心理治療的不同理論學派中，意義創造（Meaning making）是治療過程中的一個重要概念。意義創造的過程可以使當事人從原本將自己視為該處境的受害者，轉變為把自己視為其經歷的倖存者，這個過程需要一段時間，尤其是對於那些受困於「反芻思考」（Rumination）的人來說，他們所需的時間可能更長。心理學家 Sansone 和 Sansone 將「反芻思考」定義為：「一種持久專注於負面內容（通常是過去和現在）的認知模式，而最終導致情緒困擾。」簡而言之，反芻思考是指對於負面經歷不斷反覆且無效的思考。

園藝治療以植物為主要媒介，因為植物擁有多樣化和豐富寓意，伴隨着大自然中各種富含感官刺激和象徵意義的事物，可以讓人從反芻思考的枷鎖中解脫，以及通過植物與其他自然事物，為個人生命重塑意義。然而，現今我們大多數人生活在城市裏，這限制了人們接觸廣闊的大自然空間。此外，我作為一位在加拿大多倫多執業的心理治療師，眼看着一年中只有幾個月可以在戶外感受鬱鬱蔥蔥的植物，這就需要想想法子如何把戶外帶入室內了。

加拿大冬天下雪的時候，無法在戶外進行園藝活動

當戶外環境不理想，我們只好在室內進行種植活動

有心理學家曾討論，園藝治療是可以融入私人治療工作中的。很多時候，除了在治療室引入園藝治療技術外，更可以讓案主把植物帶回家中，營造一個安全的空間。其實，隨着早年新型冠狀病毒（COVID-19）疫情的大流行，治療方式已經發生改變，很多心理治療會面已經轉移到線上進行。儘管將園藝治療融入線上會面中存在困難，並需要付出更多努力，但這並非不可能的事。

在治療室內將園藝治療技術與對話治療相結合會產生協同效應，透過植物和參與園藝活動，可以讓案主在當下以身體感知（To experience embodiment），再進行正念（Mindfulness）反思。此外，這亦為案主提供了一個安全帶，透過生命教育的視角，思考過往的經驗並賦予意義。

將大自然融入心理治療會面

運用園藝治療的技巧將大自然融入心理治療會面中，主要着眼於案主與植物或園藝媒介之間的互動和接受程度上。根據過往的經驗，我與案主不論是面對面或線上會面，都需要高度的靈活性和創造力，而預先準備的會面議題亦需要具備能讓案主探索和表現自發性（Spontaneity）的空間。藉着融入園藝治療技巧和植物素材，可以讓案主通過生命教育的視角帶來學習和啟發進程。以植物或園藝作媒介的治療過程描繪了人生的旅程，其中可能會有意想不到的轉折，而且，儘管目標很重要，但旅程才是享受樂趣和創造意義的地方。

接觸大自然事物

我有一個個案長期遭受暴力虐待，我為她於線上進行治療已經有一段相當長的時間。在治療過程中，我們主要利用「感官動能心理治療」（Sensorimotor Psychotherapy）把已獲取的資料進行整合和處理。有一天，她告訴我，某天她沿着社區附近的小徑步行，走到一個寧靜的河邊，坐在河邊的長椅上，並且擁抱周邊的大樹。這引起了我的好奇心，因為她除了被診斷為患上複雜性創傷後壓力症候群（C-PTSD）外，更與慢性疼痛和長期精神健康問題鬥爭，踏出家門對她來說是很困難的，所以她通常只是在特定的日子裏，逼不得已才冒險離開住所。我們一起探討是什麼原因促使她用盡所有力量，花一個多小時前往城市中這個地方。

不論是漫步在自然小徑中……或獨坐在河邊長椅上，都可以讓人從大自然中獲得啟發和激勵。

她閉上眼睛、懷着興奮的心情、輕聲地分享着：

「當我坐在那裏傾聽流水聲，用雙手擁抱那些無法被我完全環抱的樹幹時，這讓我想起原來我周圍有這麼多的生命力，它們激勵着我去繼續我的治療之旅。」

我從她面部表情觀察到的滿足感，讓我了解到大自然對她的意義創造過程有多重要。隨着治療繼續進行，我開始將大自然元素帶入她的生命中。由於線上治療的限制，我跟案主未能親身見面，所以需要她為配合園藝治療而親自準備物資。儘管需要付出不少努力，但案主總是充滿熱情並渴望將植物和大自然融入線上會面中。我們進行的第一項活動是，只要她能踏出家門，便嘗試在沿途收集一些大自然的物品。

用雙手環抱大樹，感受它的生命力

我和案主之間的合作重點是，讓她利用收集得來的物品進行正念及靜觀練習。然而，在下一次會面時，她說她的疼痛突然加劇，使她無法好好散步，因此當完成外出必須要做的事情後，便馬上回家了，途中無法分心收集大自然物品。作為一位創傷知情（Trauma-informed）的治療師，我明白如果如常進行原先擬定的園藝治療，會對案主造成更大的傷害，可能會為她帶來羞愧感。因此，這次會面就像往常一樣，我只使用大自然的圖像來處理她的經歷，而不是使用大自然的實物。這樣過了幾次後，在一次會面中，案主興奮地告訴我她今次帶來了以下物品：一顆松果、一粒楓樹種子和幾片不同顏色的楓葉（當時多倫多的秋天即將來臨）。在開始探索之前，我們為今次會面定下議題，讓案主有足夠時間來經歷「串連 Connection– 活動 Activity– 反思沉澱 Reflection– 經驗 Experience（CARE 概念模型）」的各個階段。

鱗片張開的松果及楓樹的翅果

色彩多變的楓葉

松樹不會開花結果，常見的松果其實是松樹的孢子葉聚生和發育而成的雌性「毬果」，不同品種的松樹，松果樣子也不同，但都佈滿了螺旋狀的鱗片，底部近中軸的位置藏着種子（松子）。松果成熟了，鱗片會隨着氣候乾濕而開合，乾燥時打開以利種子釋出和風力傳播，潮濕時閉合以保護種子。

楓樹葉子隨季節變色，絢麗的色彩讓人感受季節更迭，也可以領悟到生命不同階段都可以有獨特姿采。楓的果實同樣有趣，是一種「翅果」，像一對美麗的翅膀，下面兩顆圓圓的種子，翅果落下時隨風旋轉或滑翔而下，讓種子飄送到更遠的土地上繁衍。松樹和楓樹，是否可以給天下間的父母一點啟發呢？

以下是我們一起經歷的過程：

	目標	技巧 / 活動	案主體驗	結果
串連(C)	增加安全感	案主觀察和移動四周的物品，透過跟物品的遠近來創造界限或增減舒適感	留意案主將物品移近或遠離身體時的感受	留意她與大自然之間的聯繫
活動(A)	案主以正念方式與大自然物品進行互動	治療師利用提示詞去引導案主與每個物品建立正念聯繫	慢慢地運用五感與物品互動	提高案主的正念意識
反思沉澱(R)	讓案主觀察並留意大自然與生活的聯繫	案主在會面中向治療師口頭分享反思；或先用文字記錄感受，才作口頭分享	案主與物品互動，探索每個物品的故事和意義	意義創造和生命教育
經驗(E)	讓案主透過這些物品來應對生活狀況	治療師引導和協助案主透過物品或物品的意義來制定自我照顧或應對策略	將治療過程轉化為可以在治療之外為案主提供支援的具體策略	增強案主的安全感，讓案主知道她可以重回到這些物品和她全新發現的意義中

正如觀察所得，園藝治療和心理治療相結合的過程絕非一成不變的公式。儘管目標及重點和活動可以預先跟案主擬定，但案主的體驗和結果會按其經歷和敘述而有所不同。

透過使用特定植物和活動融入治療

園藝治療技巧也可以透過使用特定的植物和活動融入案主的心理治療中，但當中會受到不同的限制。除了會面室空間細小外，加拿大多倫多的嚴寒冬季也影響植物的生長周期和可以選用的品種。要在漫長的冬季中讓案主踏進綠色空間，真是一個大挑戰。

應對這些外部挑戰的方法之一，便是使用特定的盆栽植物來融入案主的療程中。我發現以下的幾種盆栽植物在處理各種創傷時很有幫助：

蘆薈

蘆薈能夠培養案主在他們自己的旅程中的洞察力。蘆薈是一種容易在室內種植和培育的多肉植物，對案主來說是一個簡單的起點。利用植物的特性有利於將案主的經歷外化(Externalize)。例如，蘆薈的療癒特性可以成為案主自身付出的一個鏡像。蘆薈十分耐旱，平時照顧很簡單，僅在土壤完全乾燥時才澆水（大約每兩到三周一次）。在栽種良好的情況下，蘆薈會在基部長出側芽，好比新生嬰兒。

蘆薈長出側芽

蘆薈是阿福花科的多年生多肉植物，有數百種之多。一般人所講的蘆薈，是學名為 Aloe vera 的一種，是蘆薈屬植物當中最為廣泛栽培和應用的品種，許多人相信它是深具療癒力的植物。切開蘆薈的葉子，會清晰見到半透明的凝膠，可以用來製做食品、化妝品、護膚品等等。蘆薈的應用在東、西方不同文化都有千年之久，而近代的大量種植和製作蘆薈產品更令到它非常普及。有些人會利用新鮮蘆薈凝膠來塗在輕度燙傷或小傷口上消炎殺菌，或用作美容敷臉。

	生命教育串連	可探索的主題	案主反思
蘆薈的療癒性質	為了體會植物的療癒性質，需要先付出（切出）植物的一部分	· 界線	我需要訂下怎樣的界線才不至於過度為他人付出？
簡單但特定的照顧方式	許多人並不需要受到高度照顧，但需要獲得特定的、切合其需要的照顧	· 照顧自己的需要性 · 自我照顧的方式	什麼樣的環境條件能讓我成長？
當植物生出「嬰兒植株」	生命中有些事情我們需要放下，才能繼續成長	· 生命中的放下和斷捨離	在移種嬰兒植株過程中什麼對我影響最大？有什麼情緒浮現？

吊蘭

吊蘭

吊蘭被認為是最容易照顧和培育的室內植物之一。這種植物的特性可以幫助案主理解以由下而上的方法，從底層開始、專注於此時此地、一次一步的理念進行治療。吊蘭即使種植條件欠理想，仍可以茁壯生長。它對土壤適應能力很強，只要是肥沃疏鬆、排水性好的土壤都可以；亦毋須充沛日照，一般家居有明亮散射光線的地方都適合放置，澆水也是依「不乾不澆，澆則澆透」的常用原則就行。生長茂盛的吊蘭，更會長出走莖和子株，像從母株垂吊出來一隻一隻小蜘蛛，正是英文名稱 Spider plant 的由來。

	生命教育串連	可探索的主題	案主反思
適應能力	有時候我們可能會處於不理想的生活情況中	· 控制點 · 重構經驗 (Reframing)	生活中有哪些元素可以讓我專注和轉移我的注意力？
需要最少的照顧	照顧過程可以很簡單，不需要花巧的東西	· 簡單的策略 · 在日常生活中培養正念	我如何利用生活中已經做過的事情或擁有的事物來制定應對策略？

復活植物

「復活植物」（Resurrection plants）是指任何能夠在極度脫水狀態下仍存活的「變水性」（Poikilohydric）植物，對於那些在生活中經歷不幸事件的人來說，它具有強大的隱喻意義。它們是一些可以長時間乾透但不會死掉的植物。一個典型例子是俗稱還魂草的鱗葉卷柏（下圖），即使乾透了，當重注水分後，它們便會在幾個小時內復活，而整個復活過程需要一至兩天的時間。治療師可以在會面過程中使用此植物，雖然案主不會在該次會面親眼見證植物的復蘇過程，但治療師可以讓案主將植物帶回家照顧，讓它在家中「復活」。治療師也可預先給予反思問題或提示，請案主以文字記錄他們家中的經歷。

	生命教育串連	可探索的主題	案主反思
復蘇 / 重生	有些人會在生命中持續地經歷不幸情況	· 創傷後成長 · 成長心態 (Growth mindset)	坦承自己確實經歷一些不幸的情況，反思需要做什麼才能繼續前進？
希望	希望不總是能被肉眼看到的	· 發現一絲希望	我能否注意到可以激勵我前進的小事物？

將園藝治療融入小組治療

在小組形式的心理治療中，可以將大自然事物帶入小組中，讓各組員反思哪項物品最能引起共鳴。這個過程為組員建立了一個將個人經歷與大自然事物連結起來的感覺，從而在毋須透露私隱的情況下，亦能藉着該些事物分享其反思和感受。

在一次小組治療中，我隨機地把大自然事物或象徵自然的物品（右圖）帶入治療空間。這些物品包括樹枝、樹葉、松果、石頭、仿真羽毛（在多倫多收集野生鳥類羽毛是違法的）、苔蘚等等，讓組員選擇最能引起共鳴的物品。

組員互相討論了他們的想法，以下是一些共同分享的時刻：

「我本來傾向於選擇苔蘚，因為它的質地柔軟，但當我問自己什麼真正令我有共鳴時，就決定拿起樹枝，因為它擁有堅強的本質。這讓我想起自己可能想要表現柔和，但卻發覺用堅強的態度來保護自己更為重要。」

「我很高興你選擇了樹枝，因為我覺得苔蘚最能引起我的共鳴。我欣賞它的柔軟和無根性。」

「真是剛剛好！我選的是松果，因為它讓我想起儘管我的處境可能不理想，但生命中仍然有許多祝福，而且這個小窩居蘊藏着一顆顆充滿潛力的種子。[望向選了樹枝的組員] 我也很喜歡樹枝，我注意到你們彷彿彼此環繞着 —— 當你握住它時，看起來就像它在擁抱你。」

「我之前可沒有注意到這一點，雖然它看起來不能彎曲，但似乎確實擁有着柔軟和溫柔的特質。」

「今天我走路來這裏的時候，看到地上有一片像這樣的葉子，當時有想過撿起來。很高興現在看見相似的葉子，它的顏色讓我想起我們每個人內心的一團火焰，以及我們所擁有的勇氣。」

經過一段時間的反思討論、彼此分享為什麼選擇某項物品，它又如何讓各人產生共鳴後，我引導他們一起集體創作一個雕塑。我給予組員以下的指示：

先將你的物品放在桌子上，當其他人都放好後，各人可以隨意移動自己的物品。請大家專注並見證這集體創作的雕塑如何形成，一旦有整整一分鐘再沒有任何人移動物品時，我們將停止這個過程，並討論大家的想法。請注意只可以移動自己的物品，不要移動他人的物品。

組員聚在一起，見證集體創作的雕塑成型。一些組員分享他們對這個過程感到着迷，有些則表示驚訝，無論物品被移動多少次，都有一個模糊但充滿凝聚力的圈正在形成。這種將大自然事物融入小組治療的活動，可以讓組員將他們的經歷外化，再去把相關經歷串連當下時刻，作出反思和表達感受。

將園藝治療技巧融入心理治療是需要不少創意和探索。作為一名治療師，在應對這些挑戰時，你所採取的解難步驟就會成為案主強而有力的好典範。你展示了一個生命教育的元素 —— 挑戰會隨時出現，但我們的注意力不應集中在困難上，而應當轉移到學習和解決問題的過程中。

參考資料

1. DeAngelis, T.（2018 年 10 月 1 日）。*In search of meaning. Monitor on Psychology, 49（9）*。擷取自 https://www.apa.org/monitor/2018/10/cover-search-meaning

2. Sansone RA, Sansone LA. *Rumination: relationships with physical health*. Innov Clin Neurosci. 2012 Feb;9（2）:29-34. PMID: 22468242; PMCID: PMC3312901.

園藝治療

生命療癒處方

作者	馮婉儀、周海寧
編者	郭翰琛
責任編輯	梁韻廷、朱嘉敏
封面及美術設計	張思穎
相片	馮婉儀、Freepik、shutterstock
出版	明窗出版社
發行	明報出版社有限公司 香港柴灣嘉業街 18 號 明報工業中心 A 座 15 樓
電話	2595 3215
傳真	2898 2646
網址	http://books.mingpao.com/
電子郵箱	mpp@mingpao.com
版次	二〇二四年六月初版
承印	美雅印刷製本有限公司
ISBN	978-988-8829-37-8